SALZERS GROSSDRUCK-BIBLIOTHEK

Der vorliegende Band bringt einen
Auszug aus Vegesacks »Vorfahren und
Nachkommen/Aufzeichnungen aus einer
altlivländischen Brieflade«. Hier
wird vom Leben seiner Urgroßeltern
erzählt. Lisette, das jüngste Kind
des Senateurs Balthasar von Campenhausen, schreibt 1804 an ihren
Bruder Christoph einen Brief über
einen ›merveilleusen‹ Ball auf Ösel:
Kaiser Alexander hat mit ihr getanzt
und ihr Herz entflammt. Fast zur
selben Zeit verliebt sich Christoph
in Dresden in die Trägerin zierlicher
roter Atlasschuhe, und zwei Jahre
später kehrt er mit seiner ihm unter-
dessen angetrauten ›chère Comtesse‹
nach Hause auf das prächtige Gut
Wesselshof. Kinder kommen, und man
führt trotz des europäischen Kriegs-
getümmels ein idyllisches Dasein.
Ein Familienfreund besucht Jean Paul
in Bayreuth und Beethoven in Wien,
und Tochter Ernestine berichtet in
ihren Memoiren von Reisen nach Karlsbad und Marienbad; dort, in Marienbad,
begegnet sie Goethe.

Diese Aufzeichnungen rücken uns die
Zeit des Biedermeier greifbar nahe;
sie sind ebenso aufschlußreich wie
amüsant zu lesen.

SIEGFRIED VON VEGESACK

Die roten Atlasschuhe

AUS DEM LEBEN

MEINER URGROSSELTERN

EUGEN SALZER VERLAG HEILBRONN

$$\frac{\text{S G B}}{16}$$

3. Auflage 1978

© Eugen Salzer Verlag Heilbronn 1973
Alle Rechte vorbehalten
Einbandgestaltung: Hans Joachim
Satz und Druck: Offizin Chr. Scheufele Stuttgart
Printed in Germany. ISBN 3 7936 0916 2

Schatulle und Brieflade

Auf meinem Tisch steht eine Schatulle aus dem feingemaserten Holz einer Zwergbirke, die einst irgendwo auf einem Hochmoor in meiner alten Heimat in Livland gewachsen ist. Kostbares Edelgestein birgt die Schatulle heute nicht mehr; auch sie mußte alles hergeben, was sie in ›besseren Zeiten‹ besaß. Und doch würde ich das, was sie jetzt in ihrem Inneren bewahrt, gegen keine Schätze der Welt tauschen.
Alte, zum Teil schon vergilbte Photographien liegen darin, Porträts und Gruppenaufnahmen; Gesichter in jedem Lebensalter, verschüchterte Kinder in schwarzen Sammetkleidchen mit großen Schleifen, ehrwürdige Matronen mit weißen Spitzenhäubchen, junge Damen mit seltsamen Frisuren, Riesenhüten und Puffärmeln und Jünglinge, eingezwängt in unwahrscheinlich hohe Stehkragen. Alte

Herren mit tief über die Brust hängenden oder auch seitwärts geteilten Vollbärten bieten dem Betrachter ihre Persönlichkeit dar mit einem Selbstbewußtsein, das uns heutige von allerlei Katastrophen heimgesuchte Nachfahren zwar beneidenswert und doch – bei allem Respekt – auch ein wenig komisch anmutet.
Früher sagten mir die alten Familienbilder nicht viel. Doch je älter ich werde, um so lebendiger und gegenwärtiger sind sie mir geworden. Es ist, als wenn alle diese Menschen, die längst in der Erde ruhen, mir mit jedem Jahr immer näher rückten oder als wenn ich selbst immer tiefer in ihr einst gelebtes Leben eindränge – wie ein Baum, je älter er wird, seine Wurzeln immer tiefer in den Boden senkt, dem er entwachsen ist.
Neben der kleinen Schatulle aus Zwergbirkenholz hat sich noch eine mächtige eisenbeschlagene Truhe mit alten Familienpapieren, Urkunden und Briefen erhalten, eine ›Brieflade‹, wie man solche Sammlungen bei uns auf den Gütern nannte.
Damals, als es weder Eisenbahnen noch Autos gab, hatten die Menschen ja noch Zeit, richtige Briefe zu schreiben und Tagebücher, Journale, Diarien und Agenden zu führen, so daß

sich beträchtliche Mengen von Schriftstücken aller Art in dieser Brieflade abgelagert haben. Keine Dokumente von welthistorischer Bedeutung, sondern anspruchslose Aufzeichnungen, Kalendernotizen, Briefschaften, Abrechnungen und sogar Speisezettel und Kochrezepte.

Das Leben der großen Männer der Geschichte ist uns aus zahlreichen Biographien bekannt. Aber was wissen wir vom Alltagsleben unserer Vorfahren? Wie sie, ganz simple Sterbliche, vor hundert und zweihundert Jahren gelebt haben? Und doch hat es in ihrem Dasein nicht an sonderbaren Schicksalen und Begebenheiten gefehlt, die uns auch heute noch etwas zu sagen haben.

Hier seien nun ein paar Kapitel aus der Zeit meiner Urgroßeltern erzählt, einer in Livland sehr friedlichen Zeit zu Beginn des neunzehnten Jahrhunderts.

Die Handschuhe des Kaisers

Mit dem neuen Jahrhundert haben neue Akteure die Bühne der Weltgeschichte betreten. Napoleon, noch erster Konsul, ist im Begriff, sich die Kaiserkrone aufs Haupt zu setzen, während in Rußland, nach der Ermordung Kaiser Pauls, Alexander I. im Jahr 1801 den Thron seiner Väter besteigt.

Auch im Reich der Dichtung und der Musik, in Wissenschaft und Technik kündigt sich ein neues Zeitalter an: Hölderlin schreibt seinen ›Hyperion‹, Novalis die ›Hymnen an die Nacht‹, Schiller ›Das Lied von der Glocke‹, Balzac, Puschkin und Grabbe werden geboren, Beethoven komponiert seine ersten Symphonien, die erste Hochdruck-Dampfmaschine wird erfunden, der erste Planetoid und das erste elektrische Element von Volta entdeckt. Kurz, das Tor in eine neue Welt ist aufgestoßen, die Weltgeschichte, die durch die Französische Revolution in Bewegung geraten ist, kommt weiter ins Rollen.

Nun, bei uns im alten Livland merkt man von alledem nicht viel.

Der Senateur Balthasar von Campenhausen — im Unterschied zu seinem Vater, dem Trabanten des Schwedenkönigs Karl XII. im Nordischen Krieg und späteren Generalleutnant Peters des Großen, ›Klein-Balthasar‹ genannt — ist im Jahr 1800 gestorben. Ihn, den tüchtigen Gouverneur der Insel Ösel, haben seine sechs Tigerschimmel nach Orellen auf den Kapellenberg zur letzten Ruhe gebracht. Er hat jedem seiner sieben Kinder ein Gut hinterlassen, seinem Sohn Christoph — meinem Urgroßvater — Wesselshof mit dem prächtig hergerichteten steinernen Herrenhaus. Aber Wesselshof steht leer und verlassen da; denn Christoph muß nach dem letzten Willen des Vaters zuvor sein Studium der Jurisprudenz in Leipzig zum Abschluß bringen. Und dazu wird dieser weltfremde Träumer und Grübler noch einige Jahre benötigen.

Lisette, das jüngste der Kinder des Senateurs, kam nach dem Tode des Vaters — sie war damals fünfzehn Jahre alt — zu ihrem Onkel Stackelberg nach Thomel, einem Gut auf

Ösel. Von hier schreibt sie ihrem Bruder Christoph nach Leipzig am 16./28. Mai 1804:

»Mein Herzensbruder! Liebster Toffel!
Wenn ich den Herrn Studiosus – oder gar Doktor und Magister – noch so titulieren darf! Aber Christoph will mir nicht recht über die Lippen, das heißt in die Feder, und wie soll ich Dich denn sonst nennen? Für mich bist Du immer noch der possierliche lustige Toffel, der einzige von den Brüdern, der es nicht unter seiner Würde fand, mit seiner kleinen Schwester zu spielen.
Weißt Du noch, wie wir am Strande Muscheln suchten und ich dabei ins Wasser fiel, wie Du mich herauszogst und von der degoutanten Mademoiselle Bouché Prügel bekamst, weil Du nicht besser auf mich aufgepaßt hättest? Und dabei war es ja gerade *ihre* Schuld gewesen: sie hatte nicht achtgegeben – und Du hattest mich doch gerettet! Aber Du sagtest kein Wort und hast mir nachher sogar Deine schönste Muschel geschenkt, um mich zu trösten. Denn als Du meinetwegen Prügel bekamst, mußte ich weinen. Damals habe ich zum ersten Mal erkannt, wie ungerecht es auf dieser Welt zugeht.

Du beklagst Dich, daß ich Dir so selten schreibe. Aber den ganzen Winter sind wir ja eingefroren, und dann geht keine Post. Und was soll ich Dir denn von hier berichten? Ein Tag vergeht wie der andere, und wenn die Welt untergehen sollte, hier auf Ösel würde man bestimmt nichts davon merken!

Doch endlich hat sich auch in unserem ennyuanten Winkel etwas so Merveilleuses ereignet, daß ich Dir gleich davon erzählen muß. Stell Dir vor: heute vor einer Woche, als ich gerade wie jeden Montag Wäsche zählte – was hier zu meinen Pflichten gehört und mir äußerst degoutant ist –, kam vom Generalgouverneur Buxhövden eine Stafette mit der Nachricht, daß der Kaiser am 13. Mai, also am Freitag, nach Arensburg kommen und bei uns Station machen und dinieren würde.

Tante Dorchen war ganz aus dem Häuschen: wir hatten doch nur drei Tage Zeit – und was gab es da alles zu tun! Denn der Kaiser kam ja nicht allein, sondern mit seiner ganzen Suite: zehn Epuipagen. Es war befohlen, auf jeder Station sechzig Pferde geschirrt bereit zu halten. Zwei Köche kamen aus Rensburg und ein Fuhrwerk mit Bouteillen Wein, Gewürzen, Fleisch und Pasteten. Der Oncle meinte zwar, auch der Kaiser hätte nur einen Mund und einen Magen und esse nicht mehr als andere. Dafür alterierte er sich über etwas ganz anderes. In einem Begleitschreiben des Generalgouverneurs hieß es, daß man in Gegenwart Seiner Majestät weder schnupfen noch rauchen dürfe, da er beides verabscheue.

›Hier auf Thomel bin ich der Herr‹, erklärte der Oncle, ›der Kaiser kann mir das Schnupfen nicht verbieten!‹

Worüber sich Tante Dorchen wiederum sehr aufregte.

Mich beschäftigte am meisten die Frage der Garderobe. Denn es hieß, daß die Ritterschaft zu Ehren des hohen Gastes in Arensburg einen Ball geben würde. Tante Dorchen meinte zwar, ich wäre für einen solchen Ball noch viel zu jung, aber der gute Oncle setzte es schließlich doch durch, daß ich mitgenommen wurde. Zwei Schneiderinnen und eine Mamsell aus Arensburg nähten Tag und Nacht, um unsere Toiletten in Ordnung zu bringen. Tante Dorchen ruhte nicht eher, bis auch Oncles altfränkischer Frack gründlich embelliert und mit neuen Goldknöpfen ausstaffiert wurde. Nur mit knapper Not wurden wir mit allen diesen Vorbereitungen bis zum Freitag fertig.

Landrat von Berg und Landmarschall von Sass waren dem Monarchen bis zur Landungsstelle in Kuivast entgegengefahren, um die Honneurs zu machen und ihn zu becomplimentieren. Man hatte zum Empfang des Kaisers von der Landungsstelle bis zur Equipage ein rotes Tuch ausgebreitet, und da man das gleiche Tuch auch beim Aussteigen Seiner Majestät benutzen wollte, wurde es, nachdem der Kaiser sich in die Equipage gesetzt hatte, sofort wieder aufgerollt und einem davonsprengenden Reiter übergeben. Doch der Kaiser, der zwanzig Werst in der Stunde zu fahren pflegte, hatte den Reiter bald überholt, so daß dieser mit dem roten Tuch zu spät bei uns anlangte und der Monarch beim Aussteigen seinen Fuß auf die nackte Erde setzen mußte.

Nach langen Beratungen waren wir zu dem Beschluß gekommen, daß ich den Kaiser mit einem Blumenstrauß begrüßen sollte. Doch auch in Arensburg gab es zu dieser Jahreszeit weder Rosen noch Nelken. ›Ach was‹, meinte der Oncle, ›Schlüsselblumen sind grade so schön!‹ Und so begrüßte ich den Monarchen mit einem Strauß ganz ordinärer Schlüsselblumen, die er huldvoll entgegenzunehmen geruhte.

Ach, Toffel, wie soll ich Dir *ihn* beschreiben! Schon sein Gang – mehr ein Schweben als ein Schreiten – läßt sich in Worten gar nicht schildern. Und erst sein Antlitz! Noch nie hab ich ein so holdseliges, verklärtes Angesicht gesehen, es ist in der Tat göttlich. Ein Mensch – aber von Gottes Gnaden! Obzwar ich am Ende der Tafel saß, konnte ich ihn doch gut beobachten. Mein Tischnachbar war der Fürst Adam Czartorisky, sein Jugendfreund, der mir viel Interessantes von ihm zu erzählen wußte. Er soll schon Schweres erlebt haben und im Grunde kein glücklicher Mensch sein. Und das sieht man ihm an. Wenn er aber lächelt, dann leuchten seine Augen so, daß man seinem Blick nicht standzuhalten vermag und sich am liebsten ihm zu Füßen werfen möchte. Lach mich nicht aus, liebster Toffel; wenn Du ihn sehen würdest, das weiß ich, dann würdest Du mich verstehn. Wie glücklich können wir sein, daß wir diesen Monarchen haben, um den uns ganz Europa beneidet, und vielleicht am meisten die armen Franzosen mit ihrem degoutanten Napoleon, diesem Scheusal!

Nach dem Essen, so hatte man uns verraten, pflegt der Kaiser sich hinzulegen. Zu diesem Zweck hatte Tante Dorchen ihm in einem Alkoven ein weiches Lager aus einem halben Dutzend Pfühlen bereitet. Lächelnd betrachtete die Majestät die Höhe desselben und zog ein niedriges, hartes Canapee vor, das wir zum Andenken an den hohen Gast ›Alexanders-Ruhe‹ getauft haben.

Während der Monarch sein Mittagsschläfchen hielt, tranken wir mit den Herren der Suite auf der Veranda Kaffee und Liqueur. Außer dem Fürsten Czartorisky waren da noch der Generalgouverneur Buxhövden, der Oberhofmarschall Graf Tolstoi, Fürst Lieven, Fürst Wolkonsky, der Leibarzt, ein Schotte und noch verschiedene andere hohe Herren. Unser selbstgemachter Pielbeer-Liqueur mundete den Herrschaften anscheinend gut: die Flasche wurde schnell geleert. Doch keiner wagte zu rauchen oder zu schnupfen. Als aber der Oncle ganz ungeniert seine Schnupftabaksdose hervorzog, kamen wie auf ein Signal Dosen und Pfeifen zum Vorschein, und alles schnupfte und rauchte.

Kaum aber hörte man, daß der Kaiser erwacht war, verschwanden die Schnupftabaks-

dosen und Pfeifen wie auf ein Commando, und alles eilte ins Freie, um sich auszulüften. Fürst Wolkonsky erzählte mir, daß der Kaiser in diesem Punkt sehr streng sei, das hätte er selbst erlebt. Als der Kaiser einmal auf einer Fahrt zu schlummern schien, benutzte der Fürst den Augenblick, um aus der Tasche behutsam seine goldene, brillantenverzierte Tabatière hervorzuholen und sich an einer Prise zu laben. Doch der Monarch hatte alles gesehen, riß dem Fürsten die kostbare Dose aus der Hand und schleuderte sie über den Graben ins Gebüsch, wo sie hinter der schnell weiterrollenden Equipage liegen blieb. Aber diesmal bemerkte der Kaiser nichts. Er begab sich gleich zu seiner Equipage, und auch wir, Tante Dorchen, der Oncle und ich, fuhren in der großen Kalesche mit dem Gefolge nach Arensburg.
Auf Anordnung des Generalgouverneurs führten Gruppen von Mädchen und Burschen in den malerischen Trachten von Mustel, Kielkond und Anseküll neben der Landstraße nationale Tänze auf, als der Kaiser in der offenen Equipage vorbeifuhr. Auf der letzten Station Massa, sechzehn Werst vor Arensburg, wurde die Kalesche des Kaisers mit sechs

Tigerschimmeln des Kapitäns von Poll bespannt.
Am Eingang der Stadt erwarteten den Kaiser je zwölf zu beiden Seiten stehende, in weißen Kaliko gekleidete Mädchen aus der Bürgerschaft. Zwei derselben, die hübschen Töchter des Bürgermeisters Bazancour, standen auf Erhöhungen und hielten ein Blumengewinde, gleichsam eine Ehrenpforte darstellend. Doch beim Anblick des Herrschers verloren beide Mädchen ihre Geistesgegenwart und ließen das Gewinde ihren Händen entfallen, so daß dieses dem Monarchen an die Brust prallte, während die übrigen Mädchen die Equipage mit einem Blumenregen überschütteten. Hierdurch scheuten die Schimmel, es folgte ein Augenblick der Verwirrung, und nur die Geistesgegenwart des Kutschers verhütete einen Unfall. Der Kaiser ließ sofort halten, stieg aus und ging zu Fuß zum Ritterhaus, indes die paarweise voranschreitenden Mädchen ihm den Weg mit Dotter-, Schlüsselblumen und Maiglöckchen bestreuten.
Am Abend gab die Ritterschaft einen Ball im Hause des Landrates von Güldenstubbe, da der Saal im alten Ritterhause sich in einem deplorablen Zustande befand und für die

Festivität nicht so schnell hergerichtet werden konnte. Der Kaiser tanzte eine Polonaise mit der Landmarschallin von Sass und hierauf mit den Damen von Güldenstubbe, Buxhövden, Ekesparre und Berg, den Frauen der vier Landräte, ungeachtet des Umstandes, daß alle vier von beträchtlicher Corpulenz waren. Ich tanzte mit dem Fürsten Czartorisky, der mich nach dem Tanz am Arm durch den ganzen Saal zum Kaiser führte. Verwirrt und nicht fähig, auch nur ein Wort hervorzubringen, stand ich vor dem Monarchen, der sich lächelnd verneigte – und eh ich es mir versah, nahm er mich am Arm und schwebte mit mir davon.

Wir tanzten eine Anglaise. Ach, guter Toffel, wie soll ich Dir das beschreiben? Es war wie im Himmel. Mir wurde ganz schwindlig vor Glück. Und *wie* er tanzte! Ich sah und fühlte nur *ihn* und hätte am liebsten eine Ewigkeit so mit *ihm* tanzen mögen. Dann führte er mich zu einem Stuhl und setzte sich zu mir. Er sagte, daß er unseren Vater sehr geschätzt habe und daß ihm dessen segensreiche Tätigkeit als Gouverneur hier auf Ösel gut bekannt sei. Da mir nichts Besseres einfiel, erwähnte ich, daß die Tigerschimmel, die ihn nach

Arensburg gebracht hätten, aus dem Gestüt des Vaters stammen, worauf er auch diese sehr lobte: sie wären ihm gleich aufgefallen als ganz magnifique Renner. Und galant fügte er hinzu, indem er mich lächelnd ansah: ›Ihr Herr Vater hat nicht bloß exquisite Pferde aufgezogen, sondern auch eine admirable Tochter!‹
Ich errötete und schwieg. Dann beugte sich der Kaiser vor und fragte mich, ob ich ihm eine Bitte erfüllen wolle?
›Jede‹, erwiderte ich, denn wie hätte ich ihm, diesem göttlichen Menschen, irgendeine Bitte abschlagen können?
›Ich hätte gern ein Glas Milch und ein Stück Grobbrot, einfaches schwarzes Brot!‹ sagte der Kaiser.
Ich sprang natürlich gleich auf, um ihm das Gewünschte zu bringen.
Frau von Güldenstubbe, der ich den Wunsch des Kaisers mitteilte, beriet sich mit Frau von Buxhövden und Frau von Ekesparre, und alle kamen zu dem Beschluß, daß man einem so hohen und seltenen Gast unmöglich einen so ordinären Imbiß verabreichen könne. Statt der Milch sollte ich dem Kaiser in einem silbernen Pokal — Schmant kredenzen und statt

des Grobbrotes — Zwiebacke überreichen, die kürzlich von einer Gouvernante aus Hamburg eingetroffen waren.

Der Kaiser lehnte beides zwar freundlich, aber, wie mir schien, mit einem stummen Vorwurf ab: es sei nicht das, was er sich erbeten hätte. Nun eilte ich wieder davon, um die Milch und das Grobbrot zu holen. Doch als ich wiederkam, hatte der Kaiser bereits den Ball verlassen und sich ins Ritterhaus begeben, wo das Conventszimmer für ihn zur Nachtruhe hergerichtet war. Wie wir später erfuhren, war ein Courier mit Depeschen eingetroffen, die den Kaiser so alteriert hatten, daß er genötigt war, den Ball vorzeitig zu verlassen.

Am nächsten Tag war der Kaiser zum Déjeuner beim Landrat Buxhövden und zum Mittag wieder bei uns in Thomel. Uns allen schien er wie verwandelt, düster und in sich gekehrt. Nur als ich ihm ein Glas Milch und ein Stück Grobbrot brachte, sah er mich freundlich lächelnd an, nippte ein wenig an der Milch, ließ aber das Brot liegen. Und der Ausdruck seiner schönen Augen war, auch als er lächelte, von einem solchen Chagrin, daß mir fast die Tränen kamen.

Ohne sich hinzulegen, brach der Kaiser gleich

nach dem Essen auf. Wir begleiteten ihn bis zum kleinen Sunde, wo abermals ein Courier mit Depeschen eintraf, die er sich bei der Ruine auf Soneburg, auf einem Granitblock ruhend, vorlesen ließ. Sein Antlitz verdüsterte sich noch mehr. Dann begab er sich mit dem Gefolge auf den Prahm. Wir winkten ihm noch lange vom Ufer nach, bis er unseren Blicken entschwand.

Wie Oncle vom Generalgouverneur Buxhövden später erfuhr, hatte der Courier die Nachricht von der Thronbesteigung Napoleons überbracht. So hat dieser abscheuliche Corse auch hier auf Ösel dem armen Kaiser keine Ruhe gegeben und mir den ganzen Ball verdorben! Der Gedanke, daß dieses Ungeheuer, das noch kürzlich den Herzog von Enghien erschießen ließ, sich nun selbst zum Kaiser erhoben hat, erscheint mir ganz unfaßlich. *Unser* Kaiser ist wirklich von Gottes Gnaden, *jener* aber der leibhaftige Satan. Erst jetzt verstehe ich die Worte des Fürsten Czartorisky, die er mir beim Diner sagte: die Welt wird nicht zur Ruhe kommen, so lange ›ce petit diable Corse‹ in Frankreich herrsche. Wer weiß, was daraus entstehen mag und was die Zukunft uns noch bescheren wird!

Ganz unglücklich kehrte ich heim, begab mich in mein Zimmer und weinte mich gründlich aus. Der arme Kaiser! Immer wieder muß ich an ihn denken. Aber wenigstens ein Souvenir hab ich von ihm behalten. Beim Aufräumen fanden sich auf dem Canapee, wo der Kaiser geruht hatte, ein Paar weiße Glacéhandschuhe, die er dort wohl vergessen hat. Tante Dorchen wollte die Handschuhe dem Kaiser per Estafette gleich nachschicken, doch Oncle meinte, er hätte sicher noch genügend andere, auch trage ein Kaiser jeden Tag immer neue Handschuhe, so daß wir diese ruhig behalten könnten. Ich bettelte so lange, bis Tante Dorchen mir die Handschuhe gab, die ich als ein heiliges Andenken an diesen unvergeßlichen Tag bewahren will.

Nun habe ich in diesem ganzen Brief nur vom Kaiser geschwatzt — aber ich vermag an nichts anderes zu denken. Ach, guter Toffel, wirst Du mich auslachen, oder wirst Du Deine törichte Schwester verstehen? Oncle meint, der Kaiser hätte mir den Kopf verdreht. Ach, wenn es nur der Kopf wäre! Ich fürchte, auch mein Herz ist inflammiert. Diesen Kaiser *muß* man lieben, ob man will oder nicht.

Fürst Czartorisky erzählte mir von ihm noch

folgende wahre Begebenheit. In Estland drängte sich eine alte Bäuerin herbei und verlangte den Kaiser zu sehen, der in seiner Kutsche schlief. ›Ich bin achtzig Jahre alt‹, sagte sie, ›und kam drei Meilen zu Fuß her, ich muß unseren Kaiser vor meinem Ende sehen!‹ Man drohte ihr mit Gefängnis, sie aber stieg auf den Wagentritt und betrachtete den schlafenden Monarchen. ›Das ist ja kein Mensch, das ist ein Engel‹, sagte sie, trat zurück und sprach entschlossen: ›So, nun könnt ihr mich ins Gefängnis abführen!‹ Da erwachte der Kaiser und ließ die Greisin reichlich beschenken.
Ja, die alte Estin hat recht: Er ist ein Engel! Und ich hab den Engel nicht bloß gesehen, sondern sogar mit ihm getanzt. Und auch ich wäre gern bereit, diese Seligkeit im Gefängnis zu büßen.
Ach, guter Toffel, solltest Du Dich jemals verlieben, dann denk an mich! Aber ich wünsche Dir nicht, daß auch Du Dich in einen unerreichbaren Engel verliebst. Halte Dich besser an ein menschliches Geschöpf, das Dich noch auf dieser Erde glücklich machen wird!
Das wünscht Dir von Herzen
Deine glücklich-unglückliche treue
                        Schwester Lisette.«

Die roten Atlasschuhe

Christoph, der Empfänger von Lisettes Brief, befindet sich zu dieser Zeit in Dresden, nicht in Leipzig.
Auf Grund einiger Schriftstücke und der mündlichen Überlieferung weiß die Familienchronik folgendes zu berichten:
Im Frühling 1804 verliebt sich Christoph in Dresden, beim Überschreiten eines schmalen Steges, in zwei rote Atlasschuhe, die vor ihm hertrippeln. Er folgt ihnen, wagt aber nicht, die Inhaberin dieser Schuhe anzusprechen. Am nächsten Tag stellt er sich um dieselbe Stunde auf den Steg, so daß die Angebetete nur mit Mühe an ihm vorbei kann. Als der stumme, aber hartnäckige Verehrer dieses Manöver auch in den nächsten Tagen wiederholt und wie angewurzelt an der gleichen Stelle steht, versetzt die resolute junge Dame ihm einen kräftigen Puff, um sich den Weg freizumachen und den so aufdringlichen jungen Mann ein für allemal abzuschütteln.
Am folgenden Morgen – die junge Dame muß täglich zu einer bestimmten Stunde den Steg passieren, auf dem Weg zu einer Mädchenschule, wo sie Gesangunterricht erteilt –

ist der stumme Verehrer verschwunden. Doch an seiner Stelle liegt eine kleine Papierrolle, mit einem rosa Seidenbändchen sorgfältig zusammengeschnürt, so am Wege, daß man sie nicht übersehen kann. Die junge Dame vermag der Neugier nicht zu widerstehen, und nachdem sie sich versichert hat, daß niemand in der Nähe ist, der es sieht, hebt sie die Rolle auf und trägt sie nach Hause.

Hier öffnet Clemence de Fallois die seltsame Liebespost und liest die Verse des unbekannten Verehrers:

> Ich muß es Ihnen sagen,
> oui, oui, ma chère Comtesse,
> Sie müssen sich nun schlagen
> mit mir – par politesse!
>
> Warum tun Sie marschieren
> toujours sans précaution?
> Und tun den Arm berühren
> d'un inconnu garçon?
>
> O weh! Die schönen Augen,
> ils vont verser des larmes!
> Das Weinen will nicht taugen,
> auch mir tut weh der Arm!

Nicht bloß mein Arm tut schmerzen,
ma chère Comtesse – o weh!
Sie trafen mich im Herzen,
mon coeur, il est blessé!

Sollen wir jetzt uns schlagen,
donner satisfaction,
oder uns doch vertragen?
Un inconnu garçon. . . .

Die weiteren Einzelheiten dieses Liebesromans sind uns unbekannt, aber ein Briefkonzept Christophs an Lisette ist erhalten geblieben:

»Dresden, Sonntag, 5. Augusti A. D. 1804
Liebes Schwesterchen!
Du beklagst Dich, daß ich nichts von mir hören lasse. Wenn man sich aber im Himmel befindet, dann kann man nur singen und musizieren, da gibt es weder Papier noch Dinte und erst recht keine Buchstaben und Worte, nur Seligkeit, himmlische Seligkeit – wie und was soll ich Dir da schreiben?!
Ja, ich bin hier im Himmel, wenn zwar die Menschen diesen Ort Dresden benennen; aber was kümmern mich die Menschen, nach-

dem ich hier einem leibhaftigen Engel begegnet bin? Und Engel gibt es doch nur im Himmel.
Wie merkwürdig: fast am gleichen Tag bist auch Du einem göttlichen Wesen begegnet! Oh, ich verstehe Dich gut. Warum sollte ich Dich auslachen? Es geschieht so selten, daß Überirdisches uns Irdische streift, und diese wenigen und kurzen Augenblicke sind es, die unser trübes Dasein mit einem unaussprechlichen Glück erfüllen, von dem wir dann unser ganzes Leben lang zehren . . .
Alles verstehe ich, was Du schreibst, selbst das von den Handschuhen. Auch tote Gegenstände können uns heilig werden, ja es kann geschehen, daß eben sie unsere Augen auf das Göttliche lenken, das sich gern verbirgt und scheu an uns vorübereilt . . . So beispielsweise Schuhe, winzige rote Atlasschuhe!
Ganz in Gedanken versunken schlenderte ich so daher, irgend was summte mir im Ohr, und um mich nicht abzulenken, schaute ich zu Boden, als plötzlich die zierlichsten, wundersamsten Füßchen der Welt im Vorbei-Eilen meinen Blick gefangen nahmen und ich, wie von einem Magnet gezogen, ihnen folgen mußte.

Doch ein göttliches Geschöpf mag natürlich nichts von einem Tölpel wissen, und tölpelhaft genug hab ich mich aufgeführt. Aber ist es denn meine Schuld, daß ich allen Verstand verloren habe? Ich weiß nur eines: daß ich ohne diese zierlichen Füße, kurz, ohne dieses göttliche Wesen nicht leben kann ...

Nun weißt Du, warum ich jetzt nicht heimkehren mag, nicht heimkehren kann. *Allein* komme ich nicht. Aber noch ist es nicht so weit. Sie ist noch nicht mündig. Alles hängt von ihrer Mama ab. Und die meint, daß es in unserem barbarischen Lande Wölfe und Bären gebe, und hält mich wohl auch für einen halben Wilden.

Und bin ich es nicht wirklich? Erst hier in Dresden merke ich, was für ein Barbar ich bisher gewesen bin. Erst hier sind mir die Augen aufgegangen – und die Ohren. Was gibt es nicht alles zu sehen und zu hören! Mir ist, als wäre ich bisher im Finstern aufgewachsen und erst jetzt richtig ans Licht der Welt gekommen ...

Ach, Herzensschwesterchen, in Worten läßt sich das nicht sagen, aber ich weiß, Du verstehst mich auch ohne Worte. Du würdest mich kaum erkennen – erkenne ich mich doch selber nicht mehr! Alle Trübsal ist wie fortgeblasen. Mir ist so leicht und so heiter zu Mut, als bräuchte ich nur die Arme auszubreiten, um mich in die Lüfte zu heben und davonzufliegen.

Wenn Du aber meinen solltest, daß ich vor lauter Seligkeit hier bloß faulenze, dann bist Du gehörig im Irrtum: ich studiere! Vom Morgen früh bis spät in die Nacht. Und weißt Du, was? Noten – nicht Paragraphen! Das ist eine schönere Wissenschaft als die Pandekten, mit denen ich mir in Leipzig den Kopf vollstopfen mußte. Jetzt versuche ich es auch auf dem Fortepiano. Muß täglich tüchtig üben. Aber noch lieber ist mir das Spiel auf der Flöte ...

War neulich in der Opera ›Die Zauberflöte‹ von einem Wiener Componisten, der Mozart hieß und der ganz jung, nach der ersten Aufführung dieser Opera, gestorben ist. Aber mir scheint, diese Musik hat er schon im Himmel componiert. Mir kamen wieder die Tränen, und ich weiß selber nicht, ob vor Schmerz, daß er so früh gestorben, oder vor Seligkeit, daß er überhaupt gelebt hat ... Im Übermaß kann man das eine vom anderen nicht unterscheiden: wie nahe liegt alles beisammen!

Erst jetzt weiß ich, was Glück und was Unglück ist. Ich werde entweder der glückseligste oder der todunglücklichste aller Menschen auf Gottes Erdboden sein. Noch hoffe ich. Und schon die Hoffnung macht mich selig, daß ich's kaum ertragen kann! Wie wird es erst werden, wenn meine Hoffnung sich erfüllt?

Natürlich mußt Du dann zu uns nach Wesselshof ziehen, Ihr beide werdet Euch verstehen; wie sollten zwei Engel einander nicht lieben? Und am Ende werde ich in solch himmlischer Gesellschaft auch selbst noch mit der Zeit ein Engel. Und dann musizieren wir zu dritt: Ihr beide auf dem Fortepiano und ich auf der Flöte.

Was erregst Du Dich so über diesen Bonaparte! Mag er sich auch die Kaiserkrone aufs freche Haupt setzen – er bleibt doch ein Spitzbube. Und was kümmert das uns? Das Welttheater ist eine närrische Opera, die vom größten Narren taktiert wird, und die kleinen müssen nach seinem Taktstock springen und tanzen. Aber diese Opera gibt keine gute Musik, nur ein häßliches Spectaculum. Am besten, man hält sich die Ohren zu und bläst nach eigenem Gusto solo auf der Flöte!

Glaub nicht, daß alle Welschen Teufel wären, weil dieser Satan jetzt dort das Regiment führt. Auch unter ihnen gibt es Engel, das kann ich bezeugen, denn mein Engel ist welsch. Ich frage nicht nach teutsch oder welsch, auch nicht nach lutherisch oder katholisch; ich frage nur nach dem Herzen, und mich deucht, daß alle guten Herzen von einerlei Nation und Religion sind und *eine* Sprache sprechen, die alle Menschen verstehen – und das ist die Musik.

Du schreibst, ich sollte mich nicht in einen Engel verlieben. Ach, Schwesterchen, wenn man liebt, dann ist man im Himmel, wie sollte man da sich nicht in einen Engel verlieben?

Verzeih mein Geschwätz! Aber die Liebe macht geschwätzig und närrisch. Ja, ich bin ein Narr, der den letzten Rest von Verstand verloren hat und der doch – vielleicht eben deswegen – der glücklichste aller Menschen ist!

Dich embrassiert Dein Toffel C.«

Nach mündlicher Überlieferung, die im Lauf der Zeit wohl ein wenig ausgeschmückt wurde, hat sich der ›inconnu garçon‹ unter dem Vorwand, das Fortepianospiel zu erlernen, bei der Mutter seiner Angebeteten Eingang verschafft.

Die verwitwete Frau von Fallois de Féoville, die in den Schreckensjahren der Französischen Revolution von Neuilly nach Deutschland geflüchtet war, lebte mit ihren beiden Töchtern Clemence und Constance als Refugié in Dresden, wo sich alle drei durch Klavier-, Gesang- und Sprachenunterricht tapfer durchschlugen. Zwei jüngere Brüder ihres Mannes, denen die Flucht geglückt war, dienten im preußischen Heer und haben es später beide zum General gebracht.

Trotz ihrer dürftigen Verhältnisse genoß Frau von Fallois in der Dresdner Gesellschaft wegen ihres ungewöhnlichen Geistes und Charmes hohes Ansehen, und ihr Salon wurde auch von Hofkreisen eifrig frequentiert. Vielleicht trugen auch ihre beiden bildschönen Töchter dazu bei, daß ihre bescheidene Wohnung am Neumarkt in jener Zeit zum Mittelpunkt der hohen Welt wurde. An Verehrern, auch ernsthaften Bewerbern, fehlte es beiden Töchtern nicht. Und so wird es der weltfremde und schüchterne Christoph nicht leicht gehabt haben, unter so vielen Rivalen endlich doch den Sieg zu erringen.

Am 2. Dezember 1805 schlägt Napoleon in der Drei-Kaiser-Schlacht bei Austerlitz Zar Alexander I. und Kaiser Franz II. Fast am selben Tag siegt auch Christoph: am 1. Dezember erhält er das Jawort seiner geliebten Clemence – die sich später Clementine nennt. Doch es dauert noch einige Monate, bis er auch den Widerstand der Mama Fallois überwinden und seine ›chère Comtesse‹ nach Livland heimführen kann. Zuvor muß er wieder nach Leipzig zurück, um sein Studium vollends zum Abschluß zu bringen.

Am Sonntag, den 16. März 1806, wird das junge Paar in Dresden vom Hofkaplan nach katholischem Ritus getraut – die Fallois sind Katholiken. Da man auf beiden Seiten tolerant ist, hat die Verschiedenheit der Konfession in ihrer Ehe eine ebenso geringe Rolle gespielt wie die Verschiedenheit der Nationalität.

»Es gibt nur *einen* Gott«, notiert Christoph in seinem Diarium, »und der ist weder katholisch noch lutherisch. Wir alle sind auf Seinen Namen getauft und Seine Kinder . . .«

Wesselshof

Ihre Aversion vor dem korsischen Ungeheuer, das im Begriff war, ganz Europa zu schlukken, hat Frau von Fallois bewogen, das ihr liebgewordene Dresden zu verlassen und sich mit dem jungvermählten Paar und ihrer jüngeren Tochter Constance in ein ihr völlig unbekanntes Land zu begeben. Zudem wollte sie sich wohl nicht von ihrer Tochter trennen.
Aber es vergehen noch einige Wochen, bis man mit allen Vorbereitungen fertig wird. Auch muß die Schneeschmelze abgewartet werden.
Endlich, im April, wird die beschwerliche Reise ins ferne Livland angetreten, die damals in der Postkutsche von Dresden bis Riga über zwei Wochen dauerte. Nur mit Schaudern hat die ›Grande Maman‹ — wie Frau von Fallois in der Folgezeit allgemein genannt wurde — später von dieser ›terriblen Voyage‹ erzählt, während der man in den Poststationen und Krügen meist auf Stroh logiert habe, heimgesucht von ›Prussacken‹, Wanzen und anderem Ungeziefer.
Schließlich langte man in Riga an. Hier wurde einige Tage gerastet. Man logierte in der

Sandstraße, im gastlichen Hause des Vormundes, des alten Generalauditeurs Hagemeister, den der Senateur auch als Bevollmächtigten seiner Güter eingesetzt hatte.

Über den Einzug in Wesselshof berichtet Christoph in seinem Diarium kurz:

»Den 24. hujus (Mai, a.St.), Donnerstag, in Wesselshof angelangt. Bogdan und Balduin holten uns mit der großen Kutsche und sechs Tigerschimmeln von Riga ab. Bei Hilchensfähre über die Aa. Lisette empfing uns. Gott segne unseren Einzug und daß sich alles zum Guten wende!«

Bogdan war der russische Kutscher, den der Senateur auf dem Markt in Moskau für hundert Silberrubel erworben hatte, und Balduin der alte Kammerdiener des Senateurs. Lisette, die alles für den Empfang vorbereitet hatte, scheint sich mit ihrer Schwägerin und auch der Grande Maman gut verstanden zu haben. Jedenfalls blieb sie die nächsten Jahre in Wesselshof und machte sich im Garten und in der Wirtschaft nützlich.

Constance, sofort von vielen Verehrern umschwärmt, heiratete bald einen Freiherrn von Wolff, Majoratsherrn auf Laitzen. Zwischen beiden Familien, Campenhausen und Wolff, kam es dreißig Jahre später zu einer weiteren Alliance, da Theophil — mein Großvater — seine leibliche Cousine, Isabelle Wolff, heiratete. So wurde die französische Grande Maman die Stammutter zweier zahlreicher Geschlechter: das fremde Blut war auf fruchtbaren Boden gefallen.

Christoph, der ja ein Spaßvogel war, hatte sich das Vergnügen gemacht, weder seiner jungen Frau noch der Grande Maman Näheres über Wesselshof zu verraten. So waren beide nicht wenig überrascht, als sie im ›barbarischen‹ Norden ein selbst für französische Begriffe ungewöhnlich luxuriöses Schloß vorfanden.

Mit der neuen Herrin zog neues Leben in Wesselshof ein: dreizehn Kinder hat Clementine in den zweiundzwanzig Jahren einer ungetrübten Ehe ihrem Mann geschenkt, der seine kluge und tüchtige Frau vergötterte. Auch mit der Grande Maman, die ganz im Lande blieb, im Winter meist in Wesselshof und im Sommer in Laitzen, stand Christoph sich sehr gut. Er hatte eigens für sie ein neues Fortepiano auf dem Seewege über Lübeck und Riga kommen lassen, auf dem sie abends vierhändig spielten.

Eine bessere Frau als Clementine hätte der Urgroßvater nicht finden können: die roten Atlasschuhe haben ihm Glück gebracht! Doch es wird für die junge Französin nicht ganz einfach gewesen sein, sich in dieser völlig fremden Welt eines livländischen Gutshofes zurechtzufinden. Von den Angestellten sprachen nur der ›Strosche‹, wie damals der Verwalter genannt wurde, Balduin, der alte Kammerdiener, und die Wirtschaftsmamsell Deutsch. Die Dienstmädchen, die Köchin, die Waschfrau, der Gärtner und alle Leute auf dem Hof verstanden nur Lettisch, und Bogdan, der Kutscher, nur Russisch; es war ein Durcheinander von merkwürdigen, unbegreiflichen Sprachen, die der armen Clementine anfangs viel Kopfzerbrechen machten.

Balduin, der ein Original und dazu noch ein Philosoph war, liebte es, seine Rede mit allgemeinen Lebensweisheiten zu schmücken, für die er seine besonderen Worte hatte, wie zum Beispiel: »Altes Kopfchen ist wie Spann, das tilkert« – was heißen sollte: »Ein alter Kopf ist wie ein Eimer, der ein Loch hat!« Oder: »Man muß nicht unnütz schwendern« – was »verschwenden« bedeutete.

Doch Clementine hatte ein ungewöhnliches

Sprachtalent und eine große Einfühlungsgabe. Lisette brachte ihr die nötigsten lettischen Worte bei, so daß sie sich bald mit den Leuten verständigen konnte. Sogar die Grande Maman eignete sich lettische Ausdrücke an, die mit ihrer französischen Betonung überaus drollig klangen.

Die zweite Tochter, Ernestine – ich habe die Großtante mit den strahlenden Augen noch erlebt und von ihr erzählt bekommen, sie ist zweiundneunzig Jahre alt geworden –, gibt in ihren Memoiren ein anschauliches Bild von der Kindheit in Wesselshof. Bei aller Liebe und Verehrung, mit der sie ihren Vater schildert, gewinnt man den Eindruck, daß die Mutter es mit ihm nicht ganz leicht gehabt hat. Er war ein wenig ›wunderlich‹, wie die Tochter schreibt, und wurde es mit den Jahren wohl immer mehr. Aber Clementine verstand es, mit Takt und Geschick sich seinen Eigenheiten anzupassen. Er war, wie Großtante Ernestine von ihm berichtet, ›ein Fremdling auf dieser Erde‹, und so hat er sich im praktischen Leben nie zurechtgefunden. Um die Wirtschaft kümmerte er sich überhaupt nicht, den Viehstall hat sein Fuß nie betreten. Er kannte nicht einmal die eigenen Leute, so daß

alle mit ihren Anliegen immer zur jungen ›Großfrau‹ gingen, die dann dem ›Großherrn‹ die Dinge vortrug und ihn scheinbar um seinen Rat fragte, doch in Wirklichkeit alles selbst bestimmen mußte.
So führte Clementine, von Lisette und der Grande Maman unterstützt, das Regiment, wobei sie aber den Kindern und den Leuten gegenüber stets Christophs Autorität und Würde zu wahren wußte.
Die Hauptpassion des Urgroßvaters war — neben dem Flötenspiel — der Park, der sich am Steilufer der Raune, einem malerischen Flüßchen, bis zum Hochwald hinzog. Er ließ den völlig verwilderten Park lichten, freie Durchblicke und Rasenflächen mit Promenadewegen und Ruhebänken anlegen und fremdartige Bäume anpflanzen: Edeltannen, Koniferen, sibirische Lärchen, Tuja und allerlei seltsame Ziersträucher und Gewächse. Im Winter ging er fast nie aus, saß meist in seiner Studierstube, las, schrieb in seinem Diarium oder blies auf seiner Flöte. Abends liebte er es, aus einem guten Buch vorzulesen, während die Frauen mit ihren Handarbeiten beschäftigt waren.
Manchmal hatte Christoph als Kreisdeputier-

ter und Postierungsdirektor in Riga und Wenden zu tun, in späteren Jahren auch in Petersburg im Generalkonsistorium, doch außer diesen kleinen ehrenamtlichen Posten hat er es zu keinen öffentlichen Ämtern und Würden gebracht. Nur ungern trennte er sich von Haus und Familie, und nur in der Nähe seiner Clementine fühlte er sich wohl und geborgen. Als dann die Kinder kamen, galt sein größtes Interesse ihrer Erziehung.

Großtante Ernestine berichtet in ihren Memoiren:

»Wohl eine selten glückliche Kindheit haben wir erlebt. Unsere ganze Welt war die Kinderstube, doch auch im Speisezimmer wurde gekutscht und grassiert und im Saal Katzmaus gespielt und abends getanzt. Zwölf Hauslehrer hatten wir im Lauf der Jahre, worunter einige unglaubliche deutsche Bauernsöhne, die ganz gelehrt gewesen sein mögen, aber gar zu wenig Manieren hatten. Französisch war uns wie die zweite Muttersprache, Russisch zu lernen fiel niemand ein.

Das große helle Schulzimmer war in der Mitte ausgefüllt von einem enormen Tisch, an dem alle zugleich Platz hatten und von welchem die Sage ging, daß unser Großvater, der

Senateur, seinen beiden erwachsenen Töchtern zuweilen diktiert und selbst auch etwas anderes, Akten und dergleichen, auf ihm geschrieben hätte. So war der Tisch schon durch den Großvater daran gewöhnt, daß ganz Verschiedenes an ihm getrieben wurde. Es hieß nur ganz einfach: ›Du brauchst ja nicht hinzuhören‹, wenn den Größeren etwas vorgetragen wurde, während wir Kleineren so lange an einer Aufgabe schrieben, und man gewöhnte sich daran.

Mir scheint überhaupt, daß damals beim Lernen weniger façons gemacht wurden. Das Lesen lernte man eigentlich bei jedem, der eben Zeit hatte, und übte sich selbst, wie das Einmaleins. Das Schreiben hingegen wurde sehr pünktlich nach allen Regeln bei dem Vater erlernt. Fünf Grundstriche, zollgroß, und daraus allmählich die lateinischen Buchstaben, ebenso groß gebildet mit der möglichsten Accuratesse. Dabei war die Haltung des Körpers, so wie jedes Fingers, beim Halten der Feder der genauesten Bestimmung unterworfen, und Vater wandte kein Auge von dem eben Schreibenden ab, so daß man nie dazu kam, an einer falschen Stelle die Feder aufs Papier zu drücken.

Kleine Späße und lustige Bemerkungen, wenn etwas nicht richtig ausfiel, machten das Schreiben ganz amüsant. Nur vor einem Tintenklecks hatte man entsetzliche Angst, denn darauf stand eine unerhörte Strafe: der Klecks wurde als Ferkel bezeichnet, das man in dem so ängstlich sauber gehaltenen Heft aufgenommen, und – o Schande! – ein Zaun um das Tier gezogen; ich sehe es noch. Schrecklicheres konnte einem nicht widerfahren! Auch den Anfang im Rechnen hatten wir beim Vater. Um das Augenmaß zu üben und die Hand zu festigen, ließ er uns allerlei Figuren, Quadrate und Dreiecke zeichnen, die man in gleiche Teile abteilen mußte.

Klavierunterricht hatten wir bei der Mutter. Choräle und zahllose französische Liederchen haben wir von ihr und der Grande Maman singen gelernt. Jeden Sonntag bei der Morgenandacht begleitete sie uns auf dem Klavier, wenn wir einen Choral sangen, und der Vater las dann immer die Predigt.

Wir Mädchen lernten von der Mutter auch Handarbeit. In den Zeiten wurde ja alles im Hause angefertigt, ohne Maschinen und Schneiderinnen, und in einem so vollen Hause fehlte es nie an Arbeit. Es wurden allein drei-

zehn Paar Kinderfüße mit Baumwoll- und Zwirnstrümpfen bestrickt (einen wollenen Strumpf hat nie eines von uns auf den Füßen gehabt). Man hielt damals wollene Strümpfe auf bloßem Fuße für sehr unappetitlich, zog sie nur über und im Winter draußen unter die Stiefel. All diese Strümpfe, oft hundert Paar aus der Wäsche, gingen durch Mutterchens Hände. Sie stopfte nur auf Schweizer Manier, wie gestrickt, und ließ es nicht leicht zu einem Loch kommen. Das haben wir alle von ihr gelernt und weiter vererbt . . .
Natürlich hatten wir auch richtige Tanzstunden. Der Saal war zum Glück groß und genügte völlig für unsere Bälle. Wir ›Damen‹ hatten alle Sonntage außer den Brüdern auch noch Cavaliere aus der Nachbarschaft, dem Doktorat und Pastorat. Die Herren mußten immer höflich engagieren und einen Kratzfuß machen und wir uns im Knicksen üben. Meist spielte Mutterchen, oft auch die Grande Maman oder Tante Lisette zu unserem fröhlichen Tanz — Ecossaise und Quadrille und den neumodischen Walzer, der damals gerade aufkam und die Gemüter sehr erhitzte, weil manche ihn für unpassend und anstößig hielten. Mutterchen ließ uns aber ruhig Walzer

tanzen und meinte: ›C'est le ton, qui fait la musique!‹

Einmal versuchte sogar der Vater, sich mit Mutterchen im Walzer zu drehen, fand aber diesen Tanz doch zu strapaziös und echauffierend. Am schönsten war es, wenn der Vater mit der Grande Maman Ecossaise oder Menuett tanzte: ich sehe noch die beiden vor mir, mit welcher Grazie und Accuratesse sie, besonders die Grande Maman, alle die schwierigen Pas vollführten – ein Anblick, den ich nie vergessen werde.

Manchmal führten wir auch Theaterpiècen auf. Mutterchen hatte eine wahre Passion für Verkleidungen. Sie erzählte uns eine Geschichte, verteilte Rollen, und wenn bei der Aufführung dieser improvisierten Stücke die jungen Acteure oft nicht wußten, was sie sagen sollten, so mußte sie nach allen Seiten helfen und soufflieren, war aber dabei in ihrem Element. So führten wir einmal ›Aschenbrödel‹ ganz pompös auf ...

Wie Mutterchen mit uns allen fertig wurde, erscheint mir jetzt unbegreiflich. Und immer war sie gleich heiter, und wir Kinder verstanden erst recht das Jubilieren wohl aus dem Fundament. Doch die lustigsten Einfälle hatte immer die Grande Maman. Einmal, als wir auf dem Hof spielten, ließ sie aus dem oberen Stock Pfefferkuchen an einer Schnur herab, die wir durch eifriges Hüpfen endlich erwischten. Oder sie verkleidete sich als Madame Nack, die Witwe eines alten Klavierstimmers, abenteuerlich costümiert, bemalt und gepudert. So erkannten die jüngeren Geschwister sie nicht, und wir Älteren, in das Geheimnis eingeweiht und höchst geehrt, verrieten nichts.

Wenn Grande Maman lebhaft wurde, geriet sie immer ins Französische, und auch die Mutter hatte die Gewohnheit, mit uns Kindern französisch zu sprechen, aus welcher Zeit mir noch viele Wendungen und Sprüchworte erinnerlich geblieben sind. Deutsch zu schreiben lernte die kluge Grande Maman nie aus, in ›Ast und Heile‹ fing sie einmal einen Zettel an (weil Balduin die Worte ›Hast und Eile‹ immer verkehrt aussprach und sie es von ihm gehört hatte), und statt ihren Namen schrieb sie ganz einfach: ›C'est moi!‹

Sie war eine Grande Dame, voller Charme und Esprit, und dabei mildtätig, tatkräftig und hilfsbereit, denn sie fühlte alles mit ihren Nebenmenschen und half, wo sie konnte.

Grande Maman hatte große, fast schwarze Augen, noch im Alter einen schlanken, graziösen Körper und einen blühenden Teint; ihr Tanz war berühmt gewesen, leicht wie eine Feder. Was sie mit ihrer französischen Lebendigkeit alles für uns Kinder ersann, wenn wir im Zimmer bleiben mußten, davon könnte ich noch viel berichten ...

Zu den Begebenheiten, die wie Lichtpunkte aus der glücklichen Kinderzeit hervorspringen, gehörte das Weihnachtsfest, zu dem unsere liebsten Gäste, Tante Constance und Onkel Gottliebchen mit ihren vielen Kindern, die Orellenschen und Treydenschen und der alte Hagemeister aus Riga kamen.

Ganz deutlich erinnere ich mich einer Weihnacht, als die Grande Maman eine besondere Überraschung bereit hatte: auf einem mit Sand bedeckten Tisch waren kleine Lauben und geschorene Granbäume, wie ich einige noch im Orellenschen Garten erlebt habe, Porzellanstatuen, Springbrunnen von Glas, glitzernde Zäune und dergleichen vor einem pompeusen, aus Pappe ausgeschnittenen Hause aufgestellt, dessen zahlreiche Fenster, mit geöltem Papier verklebt, hell leuchteten. Das Ganze machte uns einen märchenhaften

Eindruck. Und zu beiden Seiten des Tisches Tannenbäume bis hinunter im Weihnachtsschmuck prangend! Jedes Kind hatte seinen Baum mit der Bescherung, und die kleinen Gäste waren darüber ebenso selig wie wir Hauskinder.

Aber das Schönste stand im Hintergrund, unter dem hohen Weihnachtsbaum: Bogdan, als Weihnachtsmann verkleidet, mit einem leibhaftigen, lebendigen Pony, das vor einen Schlitten gespannt war! Die Grande Maman hatte sich diese Überraschung für den Ältesten ausgedacht, für Theophil, der von uns Geschwistern wohl am meisten von ihrem hitzigen Blut und ihrer Lebhaftigkeit geerbt hat und immer ihr Liebling war. Ein lebendiges Pferd unter dem brennenden Weihnachtsbaum — unvergeßlich blieb diese Weihnacht uns allen . . .«

So führte man damals, zu Beginn des neuen Jahrhunderts, im abgelegenen Winkel an der Ostsee, trotz aller welterschütternden Ereignisse ein höchst idyllisches Dasein. Die Kunde von dem, was draußen in der Welt vor sich ging — Napoleons Marsch nach Moskau, der Rückzug der Grande Armee, die Völkerschlacht bei Leipzig und das traurige Ende des stolzen Korsen —, drang natürlich auch bis hierher und bewegte die Gemüter; doch all das ereignete sich in einer wohltuenden Entfernung: man hörte davon, aber man erlebte es nicht selbst.

Das Reisejournal

Nach wie vor führt Christoph sein Diarium, allerdings sehr unregelmäßig. Oft sind die Aufzeichnungen ohne Datum, manche der meist losen Blätter scheinen durcheinandergeraten zu sein. Die welthistorischen Ereignisse werden nur gelegentlich gestreift. Eingehend beschäftigt er sich dagegen mit den Kindern – fast jedes Jahr kommt eins hinzu –, mit den Pflanzungen im Park und dem Bau eines Friedenstempelchens. Das Tempelchen entsteht in der Zeit, als Napoleon in Rußland einmarschiert.
Am 17. Juli 1812 heißt es im Diarium:
»Nein, es war nicht Napoleon – General von Essen, unser eigener Oberbefehlshaber, ließ in Riga die Petersburger und Moskauer Vorstadt niederbrennen, weil er meinte, Napoleon sei im Anmarsch. Aber das hat sich als Irrtum

erwiesen: man hatte einen Trupp Kosaken, die eine Ochsenherde vor sich hertrieben, für das anziehende feindliche Heer gehalten...
Gottlob, Napoleon ist nicht über die Düna gegangen. Er ist mit seiner ganzen Armee nach Osten abmarschiert, wer weiß wohin...
So sind wir vom Krieg verschont geblieben – und der Friedenstempel steht. Die Kinder üben mit der Grande Maman einen Choral, den sie zur Einweihung, zum Geburtstag der Mutter, singen wollen. Auch ich übe fleißig die Flöte...«

Und immer wieder fällt der Name Jean Paul, dessen ›Kriegserklärung wider den Krieg‹ Christoph abends vorliest.

Wie Mozart im Reich der Musik so war Jean Paul im Reich der Dichtung der Abgott, den er zeitlebens glühend verehrt hat. Und diese Verehrung für Jean Paul führte ihn, den Eigenbrötler, der sich keinem Freund anzuschließen vermochte, mit einem Manne zusammen, dem er bis an sein Ende freundschaftlich verbunden blieb: Karl Bursy.

Zum erstenmal begegnen wir diesem Namen im Diarium im Jahre 1817: »Heute erhielt ich das Reisejournal des Herrn Dr. Karl Bursy aus Grenzhof. Habe es gleich in einem Zuge verschlungen. Mir ist, als wäre ich selbst in Bayreuth gewesen; aber ich hätte wohl kaum die Courage gehabt, diesen Gott so ungeniert zu besuchen...«

Karl Bursy – 1791 im Pastorat Blieden geboren, 1870 in Mitau gestorben – war Arzt in Kurland. Wahrscheinlich hat Christoph Dr. Bursy im Winter 1816/17 in Mitau kennen gelernt, wo er in Sachen des Konsistoriums zu tun hatte. Dr. Bursy war eben von einer Reise aus dem Auslande zurückgekehrt, noch ganz erfüllt von seinen Erlebnissen: in Bayreuth hatte er Jean Paul und in Wien Beethoven besucht.

Über diese Besuche berichtet Karl Bursy in seinem Reisejournal, dessen Abschrift der Urgroßvater in einer Ledermappe als Reliquie aufbewahrt hat. Er schreibt:

»Bayreuth, am 14. Mai 1816
Den heutigen Tag hatte ich mir seit lange herbeigesehnt, den Tag, an dem ich Jean Paul kennen lernen sollte! Ich hatte einen Brief von Wolke an ihn und war ihm außerdem von Geheimrat Meyer in Berlin, seinem Schwiegervater, angemeldet. Noch war die Uhr nicht neun, als ich mich von meinem Gasthof aus

auf den Weg machte, mit einem Bilde von Jean Paul, das ich lange in meiner Einbildungskraft entworfen und das ich mir, ich weiß nicht nach welchem Original, zusammengesetzt hatte. Ich dachte mir Jean Paul, den genialen Dichter, als einen zarten, hageren, sauberen, feinsinnigen Mann, mit Feueraugen, dabei nett gekleidet und in einer Studierstube, wo alles an Ort und Stelle ist und allenfalls ein Korrekturbogen lose auf dem Schreibtisch liegt. Wie ganz anders fand ich's da!
Zwei Treppen mußte ich hinaufgehen; dann kam ich an eine Klingel, die mir die Tür zur Küche öffnete. Von da führte mich seine Frau durch zwei Arbeitszimmer an die Studierstube ihres Gemahls. Ein Türchen, durch das ich kaum aufrecht gehen konnte, sollte mich hineinleiten in das Empyreum des Witzes und der Laune. Ein eigenes Gefühl bemächtigte sich meiner, da mir das Vorzimmer wenig Freundlichkeit hatte und durch Unordnung in mein Ideal griff. In der offenen Tür trat mir der Mann entgegen, den ich suchte. Ziemlich corpulent, rot im Gesicht, pausbackig mit starkem Unterkinn, ohne Halstuch und Weste, in einem alten, abgetragenen Flausrocke, dem

überall die Knöpfe fehlten, statt deren ihn unzählige Flecken zierten, und der nur kümmerlich in seinen Fetzen zusammenhielt, mit herunterrutschenden Strümpfen, die den kahlen Fuß hervorblicken ließen — so stand Jean Paul vor mir und fragte mich mit einer seltsamen Verbeugung: ›Mit wem habe ich die Ehre zu sprechen?‹
Ich nannte ihm meinen Namen und brachte ihm einen Gruß von seinem Schwiegervater, worauf er mich willkommen hieß. Nach wenigen Worten über Wind und Wetter überreichte ich ihm meinen Brief von Wolke, und das gab nun Stoff zum lebendigeren Gespräch.
Um in sein Zimmer mich zurückzuführen, muß ich mir's beschreiben in seiner ganzen Unordnung, die eigentlich ganz unbeschreiblich ist. Das Zimmer ist klein und so vollgekramt, daß nur ein Gang in der Mitte bleibt, wo zwei Menschen gehen können. An der Wand links zwischen Ofen und Tür steht ein Bücherschrank, in dem die Bücher durch- und aufeinander liegen, als seien sie in Jahren nicht in der Hand eines Lesers gewesen. Am Fenster, der Tür fast gegenüber, ist ein ziemlich großer Tisch, der ganz mit Papieren und

Büchern und Weingläsern bekramt ist. Am Tisch steht ein Canapee statt eines Stuhles, so sonderbar gestellt, daß man nicht anders hinzu kann, als wenn man über den Tisch wegsteigt; denn dicht an der einen Seite des Tisches lehnt sich ein zweiter Bücherschrank, worin eine große Menge Excerpte liegen und mehrere Bücher, worin Jean Paul gegenwärtig liest. Daß übrigens auch in diesem vorn und hinten offenen Schranke nichts von Ordnung zu suchen ist, folgt aus dem früheren ...
Der Ofen war stark geheizt, und unter demselben stand die Abendmahlzeit seines Favorithundes, der seit zwei Tagen auf Streifereien ausgegangen war, sonst aber seinen Herrn nie verließ. Gehend begrüßte mich Jean Paul, und gehend hat er mich die ganze Zeit meines Aufenthaltes bei ihm unterhalten. Dabei ging er nicht mäßig und im Spazierschritt, sondern so schnell, als jagte er einem Eilboten nach. Nun denke man sich das kleine Zimmer kaum zehn Schritte lang, worin wir uns wie die Kräusel herumdrehten. ›Wenn der Mensch spricht, so muß er gehen‹, sagte Jean Paul, ›denn beim Sprechen bewegen sich die Füße wie die Hände.‹
Wolkes Brief gab Anlaß, über die neuen

Sprachverbesserungen zu reden. Die deutsche Sprache, meinte Jean Paul, sei schon übeltönend genug, und die neuen Wortbildungen brächten nur noch mehr Mißklang hinein.

Gleich zu Anfang unseres Gespräches holte er eine Bouteille Wein aus dem Nebenzimmer und schenkte mir und sich das Glas voll. Es war die Zeit, wo er gewöhnlich einige Gläser Wein zu trinken pflegt. Ich trank mit ihm und wurde teils durch den hellen Rebensaft, noch mehr aber durch Jean Pauls Feuer und Leben so elektrisiert und erhoben, daß ich mit mir ganz fremder Lebhaftigkeit in das Tempo meines Wirtes mit einstimmte. Wir sprachen wohl eine Stunde über den tierischen Magnetismus. Jean Paul hat selbst schon manchmal bei Zahn- und Kopfschmerzen seine Freunde mit Wirkung magnetisiert und wollte von mir wissen, ob er die Manipulation richtig vornehme.

Ich mußte mich hinsetzen, und nun manipulierte er an mir in seinem Feuer so starken Druckes, daß es fast schmerzte. All das geschah mit einer Schnelligkeit und Heftigkeit, die ich gar nicht beschreiben kann. Auf und ab lief er neben mir, riß mit einem Mal das Fenster auf, schlug's dann wieder zu, knöpfelte

den Rock zu und los, lief an den Tisch, wo unsere Gläser standen, die er angelegentlich füllte, und machte manche interessante Bemerkung.
Allmählich wandte sich das Gespräch auf ihn selbst, und er erzählte nun mit einer großen Weitläufigkeit seine Lebensweise. Bald entschuldigte er sich, daß er nur von sich spräche. ›Indes‹, sagte er, ›Sie sind ja Arzt, und Sie müssen denken, ich zerlege Ihnen einen Cadaver; ich anatomiere mich selbst Ihnen vor!‹
Er ist jetzt sechsundvierzig Jahre alt und, wie er sagt, seit den Pocken im siebenten Jahr nicht eigentlich krank gewesen. Wenn er zuweilen Kopfschmerzen bekommt oder Brustbeklemmungen, die er mir als eine ganz eigene und ungewöhnliche Erscheinung beschrieb, so nimmt er zu drei Mitteln seine Zuflucht, früher zum Opium und zum Laudanum, jetzt hat er des Opiums nicht mehr nötig; und Digitalis, Bier und Wein helfen ihm vor allen Unpäßlichkeiten. Er war früher Hypochonder und scheint's mir noch zu sein, denn seinen Körper hat er mit solcher Kleinlichkeit studiert, daß er auf jeden Puls- und Herzschlag mit größter Genauigkeit achtet. Alles, was er tut, geschieht nach vorgesetzter Regel, die

freilich fremdartig genug ist. Am meisten hütet er sich vor Übermäßigkeit im Essen, das mache den Menschen dumm.

›Schlafen muß ich viel‹, sagte er, ›damit meine Leser nicht schlafen! Unmittelbar nach dem Abendessen lege ich mich zu Bette, und mit Hilfe meiner in Katzenbergers Badereise gerühmten Mittel bringe ich's schnell zum Einschlafen. Ich habe jetzt noch viel mehr solcher Mittel erfunden und durch Selbsterfahrung geprüft. Da ich nachts wohl zwanzigmal aufwache, um Wasser zu trinken, so mußte ich mir untrügliche Mittel ausfinden, und ich habe sie gefunden.

Ich schlafe gewöhnlich acht Stunden und trinke morgens, sobald ich aufgestanden, ein Glas ganz kalten Wassers. Eine gute Stunde darnach reinen leichten französischen Wein. Ist's gutes Wetter, so arbeite ich nie in meinem Zimmer, sondern gehe zur Stadt hinaus in Gärten, wo mich niemand stört. Mit mir nehme ich einen Ränzel (er zeigte mir diesen, wie eine Jagdtasche geformt), in dem ich Papier, Feder, Dinte, ein Glas und eine Bouteille Wein stecken habe. Bis zum Mittag arbeite ich, das heißt, ich schreibe. Nach dem Essen lese ich nur und excerpiere, ohne eigentlich selbst zu arbeiten. Nach dem Abendessen nehme ich nie mehr was zur Hand.‹

Endlich lenkte sich unser Gespräch auch auf Musik. Ich erzählte ihm manches von der Musik in Berlin und auch von Beethovens Fidelio. Daß ich nicht kalt von unserem Meister sprach, kann ich mir denken, und daß Jean Paul ins Feuer gesetzt ward, dazu gehörte so sehr wenig. Auch er hatte einmal hier eine Symphonie von Beethoven in sehr schlechter Aufführung gehört und war davon innig ergriffen gewesen. ›Ja‹, rief er aus, ›wenn ich nur nach Wien reisen könnte! Aber das kostet zu viel Zeit und bringt mich ganz aus meiner Lebensweise. Aber ich muß doch einmal hin, um das tönende Wien zu hören und zu sehen!‹

Wenn ich mir das Leben und das Feuer denke, mit dem Jean Paul alles sprach, und ich sehe dann auf mein beschriebenes Papier, so kommt's mir gerade so vor, als hätte ich die Glut einer Feuersbrunst oder eines sprühenden Ätna zu malen versucht und wollte mich daran wärmen ... Wer malt die Blicke, das Auge eines Jean Paul?...«

Von Bayreuth reiste Dr. Karl Bursy nach

Wien, wo er Beethoven besuchte, an den ihn der kurländische Pastor Karl Amenda empfohlen hatte. Amenda war in jungen Jahren nach Wien gekommen, als Vorleser des Fürsten Lobkowitz, hatte die Kinder des eben verstorbenen Mozart unterrichtet und Beethoven kennengelernt, mit dem ihn bis zum Tode eine tiefe Freundschaft verband. 1799 kehrte er nach Kurland zurück, wurde Pastor in Talsen, dann in Kandau, und ist 1836 gestorben. Beethoven schätzte Amenda so sehr, daß er ihm in einem seiner Briefe sogar den Vorschlag machte, ganz zu ihm zu ziehen: »Ja, Amenda, wenn mein Übel unheilbar wird, dann mache ich Anspruch auf Dich, dann mußt Du alles verlassen und zu mir kommen; Du hilfst Deinem Freund seine Sorgen, sein Übel tragen und bleibst ewig bei mir...«
Der Urgroßvater hat wohl die überschwenglichen Gefühle Dr. Bursys für Beethoven nicht restlos geteilt. In seinem Diarium finden wir folgende Notiz: »Beethoven erscheint mir wie ein mächtiger Bär, der zwar wunderbar musiziert, aber dabei doch immer auf plumpen Füßen tanzt. Vielleicht sind meine Ohren, die noch aus dem vorigen Saeculo stammen, für seine Musik nicht geschaffen.«

Karl Bursy berichtet:

»Wien, am 1. Juli 1816
Wie sollte ich den Tag nicht bemerken und auszeichnen, an dem ich Beethoven kennen gelernt? Schon gestern suchte ich ihn und fand ihn nicht, denn sein Logis hatte mir Herr Riedl falsch angegeben. Er wohnt auf der Seilerstadt Nr. 1056, und auch nicht, wie Madame Nanette Streicher mir aufgeschrieben, 1058. Ich hatte durchaus die Idee, Beethoven müsse in einem der fürstlichen Schlösser hausen und im Schutze eines Mäzenaten seiner hohen Kunst leben. Wie sehr befremdete es mich, als mich ein anwohnender Heringskrämer in das kleine Haus neben sich wies mit den Worten: ›Ich glaube, der Herr van Beethoven wohnt hier dicht bei, denn ich habe ihn öfters dahinein gehen sehen.‹
Parterre fragte ich nach und hörte, Beethoven wohne im dritten Stock, drei Treppen hoch. Also ganz wider mein Erwarten. Ein elendes Haus, und nun noch drei Treppen hoch! Und gewunden und enge führen die steinernen Stiegen hinan in das Zimmer, worin ein Beethoven wirket und schafft! Ich kann gestehen, daß ich beengt im Herzen war, als stehe mir etwas Großes bevor. Freilich war's auch

nichts Alltägliches, was ich sehen sollte, kein Mensch der Alltagswelt, mit dem ich zu sprechen hoffte. Denn gewiß konnte ich mir's noch nicht versprechen.
Eine kleine Tür, zu deren Eröffnung ich die Klingel zog, führte mich in ein kleines Vorhaus, das eins war mit der anstoßenden Küche und Kinderstube. Da empfing mich der Bediente, der mit seiner Familie zu Beethovens Hausgerät zu gehören scheint. Er wollte mich gleich hineinlassen zu Beethoven. Allein ich gab ihm meinen Brief von Amenda und wartete nun mit bangem Gemüt auf Antwort.
›Treten Sie gütigst herein‹, rief mir endlich der rückkehrende Diener zu, und hinter einer dichten wollenen Türgardine trat ich in das Heiligtum.
Aus dem Nebenzimmer kam mir Beethoven entgegen. Es war mir schwer und unnatürlich, dem Meister meiner Kunst nur ein fernes und fremdes Compliment machen zu dürfen. Seine Hand hätte ich fassen und darauf den Kuß der innigsten Verehrung drücken mögen. Wenn Jean Paul meinem Gedankenbilde ganz widersprach, so stimmte Beethoven ziemlich gut damit. Klein, etwas stark, zurückgestrichenes Haar, worunter schon viel graues zu sehen

ist, ein etwas rotes Gesicht, feurige kleine Augen, die tief liegen, aber rund und voll ungeheuren Lebens sind. Beethoven hat, besonders wenn er lacht, sehr viel Ähnlichkeit mit Amenda. Nach diesem erkundigte er sich vor allem und äußerte Gefühle der wärmsten Freundschaft für ihn.
›Er ist ein sehr guter Mensch‹, sagte er. ›Ich habe das Unglück, daß alle meine Freunde fern von mir sind und ich nun allein stehe in dem häßlichen Wien.‹
Er bat mich, laut mit ihm zu sprechen, weil er gerade jetzt wieder besonders schwer höre. Daher er auch im Sommer nach Baden und aufs Land will. Überhaupt ist er seit langher nicht gesund und hat nichts Neues componiert. Ich schrie ihm ins Ohr, man müsse zur Arbeit wohl vollkommen Zeit und Muße haben. ›Nein‹, sagte er, ›ich mache nicht so fort und fort ohne Unterbrechung. Immer arbeite ich an Mehrerem zugleich, bald nehme ich dann dies, bald das vor.‹ Er mißverstand mich sehr oft und mußte, wenn ich sprach, die größte Aufmerksamkeit anwenden, mich zu verstehen. Das genierte und störte mich natürlich sehr. Auch er fühlte das Genante und sprach selbst desto mehr, und zwar sehr laut.

Er erzählte mir viel von Wien und seinem Leben hier. Gift und Galle wütet in ihm. Allem trotzt er, mit allem ist er unzufrieden und flucht besonders über Österreich und namentlich über Wien. Er spricht schnell und mit großer Lebhaftigkeit. Oft schlug er mit der Faust auf sein Klavier so heftig, daß es laut im Zimmer widerhallte. Zurückhaltend ist er nicht, denn rasch führte er mich in seine persönlichen Verhältnisse ein und erzählte mir viel über sich und die Seinigen. Das ist gerade das Signum diagnosticum der Hypochondrie. Mir war diese Hypochondrie ganz erwünscht, denn nun erfuhr ich aus seinem eigenen Munde so viel über sein Leben.
Über die jetzigen Zeiten klagte er aus mehreren Gründen. Die Kunst steht nicht mehr so hoch über dem Gemeinen, ist nicht mehr so geachtet und besonders nicht mehr so geschätzt in Absicht auf die Belohnung. Beethoven seufzte über schlechte Zeiten, auch in pecuniärer Hinsicht. Sollte man's glauben, daß ein Beethoven Veranlassung zu solcher Klage hat? O ihr Reichen, gebt ihm hin einen Teil der Schätze, die ihr verpraßt, denn frei von Sorgen und Ängstlichkeit muß Beethoven sein, wenn er der Welt genug tun will ...

›Warum bleiben Sie in Wien, da jeder ausländische Herrscher Ihnen einen Platz neben seinem Throne anweisen müßte und würde?‹
›Mich fesseln Verhältnisse hier‹, sagte er, ›aber es geht hier lumpig und schmutzig zu. Es kann nicht ärger sein. Von oben herab bis unten ist alles Lump. Niemandem kann man trauen. Was man nicht schwarz auf weiß hat, das tut und hält kein Mensch. Sie wollen, man soll arbeiten, und bezahlen wie die Lumpen und nicht einmal das Verabredete. Zudem hat man ja im Österreichischen nichts, da alles nichts, das heißt Papier ist . . .‹
Beethoven hat zur Kongreßzeit eine Kasualkantate componiert. Der Text, sagt er, war beschnitten und beschoren wie ein französischer Garten, und dennoch kam's nicht einmal zur bestimmten Aufführung. Nach vielen Cabalen gab eine Academie im Redoutensaale das Konzert. Der König von Preußen zahlte ein Entreehonorar von zehn Ducaten – sehr lumpig! Nur die Kaiserin von Rußland bezahlte ihre Billette honett mit 200 Ducaten.
›Die Musik ist hier sehr im Verfall‹, erklärte Beethoven, ›der Kaiser tut nichts für die Kunst, und das übrige Publicum nimmt mit allem vorlieb.‹

Beethovens Bruder ist kürzlich gestorben, und die Erziehung des hinterbliebenen zehnjährigen Neffen hat er übernommen. Darüber spricht er viel, tadelte bei der Gelegenheit die hiesigen Schulen, in die er den Kleinen geschickt, aber aus denen er ihn auch wieder genommen. ›Der Knabe muß Künstler werden oder Gelehrter, um ein höheres Leben zu leben und nicht ganz im Gemeinen zu versinken. Nur der Künstler und der freie Gelehrte tragen ihr Glück im Innern!‹
Er sprach hier herrliche Ansichten aus über das Leben. Sobald er schwieg, runzelte er seine Stirne, und er hat ein düsteres Ansehen, daß man Scheu vor ihm haben könnte, wüßte man nicht, daß der Grund einer solchen erhabenen Künstlerseele schön sein muß. Vertrauen-einflößend erlaubte er mir, ihn recht oft zu besuchen, und sagte mir beim Abschied die herzlichsten Worte: ›Ich werde Sie schon einmal holen lassen!‹
Seine Wohnung ist freundlich, sieht nach der Grünen Bastei und ist ziemlich ordentlich und sauber eingerichtet. Das Vorzimmer hat auf einer Seite sein Schlafcabinett, auf der anderen sein Musikcabinett, worin ein verschlossener Flügel steht. Noten sehe ich nur wenig. Einige

Blatt Notenpapier lagen auf dem Schreibtisch. Beethoven selbst war nicht wie Jean Paul in Lumpen gehüllt, sondern ganz in Gala. Das bestätigt mir, was ich schon von ihm gehört, daß er eitel sei und deswegen auch seine Taubheit ihm besonders lästig wird...
Übrigens finde ich die Aussage, er sei zuweilen wahnsinnig, nicht bestätigt nach den Erkundigungen, die ich über ihn einziehe. Herr Riedl versichert mir, er sei's durchaus nicht und habe nur allein den sogenannten Künstlerspleen. Darunter denkt sich jeder etwas Besonderes. Riedl zum Beispiel als Kunsthändler und Verleger mehrerer Beethovenschen Werke hält wahrscheinlich den teuren Preis, den er auf seine Manuscripte setzt, für solchen Spleen, denn wirklich sagte er mir, daß Beethoven ungeheuer teuer mit seinen Arbeiten sei...

Den 24. Juli schrieb ich Beethoven: ›Mit kindlichem Vertrauen bitte ich Sie, mir zu erlauben, daß ich Ihnen ein Blatt meines Stammbuches überreichen dürfte. Und schrieben Sie nur Ihren unsterblichen Namen darauf mit eigener Hand, so würde ich in den wenigen Zügen stets mich des schönen Glückes er-

innern, den Meistersänger unseres Jahrhunderts gesprochen zu haben...‹
Welche Freude, als ich folgende Antwort erhielt: ›Obschon ich von alledem, was Sie mir zuschreiben und andichten, nichts bei mir zu finden weiß, so bin ich doch bereit, da Sie scheinen Wert darauf zu legen, Ihnen mich in Ihr Stammbuch einzuschreiben. Ihr ergebenster L. v. B.‹

Den 25. Juli um neun Uhr ging ich zu Beethoven, mit meinem Exemplar des Fidelio, damit er's mir weihe zum heiligen Andenken durch seine Handschrift. Er war nicht zu Hause. Der Bediente führte mich in sein Zimmer, und ich schrieb meinen Morgengruß und meine Bitte an ihn auf einen kleinen Zettel. Mir war ganz sonderbar zumute, als ich mit seiner Feder in sein Dintenfaß tunkte. Mich umwehte es wie Götterluft, und der Kiel schien mir aus Pegasus' goldenem Flügel genommen. Während der Bediente einen Augenblick ins Nebenzimmer trat, faßte mich's wie mit Teufelskrallen, einen Diebstahl zu begehen. Einen Augenblick rang mein besserer Wille dagegen, und ich widerstand der Lockung. Doch der böse Geist wußte sich den Sieg zu erkämpfen. Ich blieb noch länger allein, und die Lockung reizte mit zunehmender Gewalt. Der schwache Wille lag ohnmächtig darnieder, und der Frevel war geschehen. Wie Faust seinen Teufelsbund nicht verheimlichen konnte, sondern an der Hand zunächst dem Herzen gebrandmarkt ward durch blutige Wunde, so zeugt auch an meinem reinen Kleide, gerade wo das Herz seinen Sekundenschlag übt, ein schwarzer Fleck den Sieg des Höllengeistes.

Beethovens Schreibfeder, stark gebraucht und in ihrer Construction den innersten Kausalgrund seiner charakteristischen Schriftzüge erhaltend, ward für mich die süße lockende Frucht, die mir die Schlange reichte; ich griff rasch zu, und die Sünde war geschehen, begangen — der Diebstahl. Das Corpus delicti liegt nun in meinem Schreibpult und bleibt mir ein Denkmal einer schwachen Stunde ...

27. Juli

Heute früh um sieben Uhr ging ich zu Beethoven. Ich fand ihn zu Hause und verplauderte eine gute halbe Stunde recht angenehm mit ihm. Vorzüglich sprach er viel gegen Wien. Er wünscht sich fort aus Wien, aber ihn hält

hier zum Teil auch sein Brudersohn, den er gern zur Musik erziehen will. Er soll schon recht brav das Klavier spielen. Jetzt nimmt er ihn zu sich ins Haus und will ihm einen Erzieher geben.
Beethoven war sehr herzlich, und sein Händedruck beim Abschied machte mich selbst werter ...
Ich fand Beethoven beim Schreibtisch an einem Notenblatt und vor einem gläsernen Kolben, in dem er sich seinen Kaffee kochte. Seine beiden Pianofortes sah ich noch nie geöffnet. Auf die Notenhändler schimpfte er, daß sie ihm durch ihre Nachstiche solche Verwirrung in seinen Werken machen. Es ist wirklich Spitzbüberei, und alles, was zum Buchhandel gehört, hat hier den Anstrich der höchsten Gemeinheit. Durchaus kein Ernst in diesem Geschäft!
Zum Abschied hat Beethoven in mein Exemplar des Klavierauszuges des Fidelio die Worte eingetragen: ›Komm, Hoffnung, laß den letzten Strahl des Müden nicht erbleichen! O komm, erhell sein Ziel, sei's noch so fern!‹«

Die Reise nach Karlsbad

Im Frühjahr 1823 kommt es zur Reise ins Ausland, von der Urgroßvater Christoph schon so lange geträumt hat. Im Jahr zuvor war die Grande Maman in Begleitung von Tante Lisette auf ärztlichen Rat zur Kur nach Teplitz gereist. Hier hatte sich ihr Zustand so verschlechtert, daß sie nicht mehr heimfahren konnte und in Dresden ihrem Ende entgegensah.

Zu diesem Anlaß für die Reise kamen noch andere Gründe, wie Großtante Ernestine berichtet:

»Im Frühjahr stand uns etwas zu den Zeiten sehr Ungewöhnliches bevor: eine Reise ins Ausland. Die Grande Maman war in Dresden schwer erkrankt und hatte den sehnlichsten Wunsch, uns noch einmal zu sehen. Meiner Mutter hatten die Ärzte sehr dringend eine Cour in Karlsbad verordnet, und da Theophil und Ernst in diesem Jahr nach Hennersdorf in die damals sehr gerühmte Herrnhuter Anstalt kommen sollten, ließ alles dieses sich gut vereinigen. Auch hatte die alte Großtante Martha Baranoff, eine verwitwete Schwester des Großvaters, die von Narwa nach Herrn-

hut gezogen war, den dringenden Wunsch geäußert, meinen Vater wiederzusehen, seine Frau und seine Kinder kennen zu lernen. Sie hatte ihm eine bedeutende Summe geschickt, um diese teure Reise zu ermöglichen...«
Die fünf ältesten Kinder – Leocadie, Theophil, Ernestine, Josefine und Ernst – wurden auf diese Reise mitgenommen, während die kleineren unter der Obhut von Charlotte Sahmen in Wesselshof zurückblieben. Charlotte gehörte zu jenen selbstlosen Wesen, die es auf jedem Gut im alten Livland gab und die mit der Zeit zum Bestandteil der Familie, zum eisernen Inventar des Hauses wurden.
Von dieser Reise erzählt Großtante Ernestine in ihrem Memoiren. Obgleich sie damals nur dreizehn Jahre alt war und die Erinnerungen erst im hohen Alter niedergeschrieben hat, gibt sie einen anschaulichen Bericht von ihren Reiseeindrücken.
»Ein wahres Haus von einer Kutsche nahm die Eltern und uns fünf Kinder bequem auf. Die Kutsche stammte vom Großvater, dem Senateur, hatte prachtvolle Spiegelglasfenster vorn und zur Seite und auf dem Türschlag das buntgemalte Wappen. Sie war innen mit purpurfarbenem Plüsch in großen Blumen nicht

nur ausgeschlagen, sondern noch mit extra großen Kissen für vier Personen ausgepolstert. Der Bock war so breit, daß Balduin, der Diener, und Trinchen, die Jungfer, bequem mit den beiden Jungen Platz hatten, da die Postillione vom Pferde kutschten, meist zwei mit sechs Pferden. Wir drei Mädchen waren ebenso bequem auf dem Vordersitz placiert.
Schon die Reise bis Riga war ein Erlebnis für uns, denn solchen Sand wie von Hilchensfähre über Neuermühlen hatte man sich nie träumen lassen. Die sechs großen Pferde, von Bogdan bis Riga ohne Vorreiter gelenkt, hatten es schwer, die mächtige Karosse durch den tiefen Sand zu ziehen. Riga mit seinen Wällen und engen Toren sah sehr anders aus wie jetzt. Von da mit Post über Olai und Mitau, die acht Stationen durch Curland, dann Polangen, die Grenze – und Nimmersatt, das erste preußische Dorf am Meer, machte einen traurigen Eindruck mit den im Sande aufgepflanzten Überresten der gestrandeten Schiffe. Von Memel gingen wir über die Nährung nach Königsberg. Das war schon amüsanter, obgleich man nur hart längs dem Meeresufer fuhr. Da konnte man aussteigen, wurde aus einem Speisepaudel genährt und freute sich an

den Signalen der Postillione, die dadurch ankündigten, wie viele Pferde nötig waren.
Dann spannten sie ab und ritten die Düna hinauf, den frischen Pferden entgegen. Sie bliesen auch zum Zeitvertreib unterwegs ganz hübsche Stückchen und sahen so adrett aus, in blauem Frack mit orangenem Vorstoß, weißledernen Beinkleidern, hohen Stiefeln und dem umgehängten Posthorn; uns kamen sie wunderschön vor.
In den Städten unterbrach man die Fahrt nur, um auszuruhen, da wir alle Nächte schliefen und am Tage uns nirgends unnütz aufhielten. Wir brauchten vierzehn Tage, um Dresden zu erreichen, wo wir an einem sonnenhellen Nachmittag eintrafen und für die erste Nacht alle bei der Grande Maman untergebracht wurden. Ein paar von uns schliefen zwar im Salon, wo die liebe Kranke in einem großen Lehnstuhl saß, auf dem Fußboden. Ich sehe sie noch deutlich vor mir, die hübsche alte Frau in einem schneeweißen Kuftchen...
Dann siedelten wir über an den Neumarkt, wo der Vater ein geräumiges Quartier gemietet hatte. Das Haus lag schräg über dem Platz der Frauenkirche, hart an der Ecke, wo eine kleine Straße, Schustergäßlein genannt, ab-

biegt. Mutterchen sahen wir diese Zeit wenig, sie und Tante Lisette mit einer Pflegerin waren ganz am anderen Ende bei der Kranken.

Von dem kleinen Erker auf die Straße zu gukken war uns Kindern ein großer Genuß. Vis-à-vis war ein Haus, über dessen Tür man lesen konnte: ›Au bon gout‹. Gleich am ersten Tage führte uns der Vater in das Haus, wo es herrliche Chokolade zu trinken gab und Kuchen und Confect aller Art. In dem Hause gegenüber, dem Markt zu, welches wegen der kleinen Straße uns ganz nahe war, hatten wir Kinder unser Schauspiel an einem alten Fürsten Putjatin, der dort im ersten Stock wohnte. Er kam sehr oft von seinem kuriosen Schlößchen Strachwitz herein in eigentümlicher Kleidung, mit einem Dolch an der Seite und fünf Möpsen als Gefährten, die in seinem Wagen, der wie ein Glaskasten aussah, herumsprangen. Bei den kleinen Ausflügen, die wir öfter mit dem Vater machten, fuhren wir einmal nach Strachwitz und amüsierten uns höchlich an all den Wunderlichkeiten, die da zu sehen waren.

Oft gingen wir mit Vater allein spazieren. Die einzige Schattenseite war für uns bei solchen

Ausflügen, daß wir am Morgen im Tagebuch jedes Erlebnis beschreiben mußten, was am Tage vorher stattgefunden. Wie überhaupt unausgesetzt dafür gesorgt wurde, daß wir nie unbeschäftigt waren, jedes in seiner Art, aber nie müßig. Wir hatten ja auch Klavierstunden, lernten auswendig und lasen.

Mutterchen lernte in Dresden Blumen machen, kaufte sich dort eine ganze Einrichtung dazu und machte reizende Blumen, wobei wir alle helfen konnten. Was für schöne Kleiderbesätze und Kopfputz haben wir später von unserer Mutter geschickten Händen auf den Bällen in Dorpat getragen!

Tiefen Eindruck machte uns die schöne Musik in der katholischen Kirche, wohin Mutterchen uns am Sonntag mitnahm und wo wir uns auch die königliche Familie als Rarität, eigentlich wie eine Antiquiensammlung, ansahen. Wir hatten noch nie so alte Menschen gesehen. Der König, der so lange zu Napoleon gehalten, mit seinen uralten Brüdern Anton und Max und nun noch deren Tante, die Prinzeß Kunigunde! Man konnte sich wirklich nicht des Gedankens erwehren, sie wie aus dem Grabe entstiegen anzusehen.

Von Kunstgenüssen in dem lieben Dresden

nahm die schöne Musik im großen Garten, im Linkschen Bade und an anderen Orten uns oft in Anspruch. Man hörte meist Rossini, von dem alles entzückt war. Wir sangen alle die Lieder nach, besonders als wir die Oper ›La gazza Ladra‹ (Die diebische Elster) gesehen hatten. Das Entzücken empfinde ich noch heute, als die erste Sängerin, Sandrini, von dem Verdacht des Diebstahls befreit, die große Bravourarie ›di piacer mi balza il cor‹ sang...«

Nach dem Aufenthalt in Dresden, der vom Tod der geliebten Grande Maman überschattet ist, reist man weiter nach Herrnhut in der Lausitz und besucht die alte Großtante Baranoff. Theophil und Ernst werden nach Hennersdorf gebracht, wo sie die nächsten Jahre bleiben. Zahlreiche Livländer, auch Russen, Engländer und Schweizer werden in der Anstalt unterrichtet.

Endlich geht es nach Karlsbad. Großtante Ernestine schreibt in ihren Erinnerungen:

»So deutlich diese Reminiscenzen mir noch heute, nach bald siebzig Jahren, wie eben Erlebtes vorschweben, bin ich nicht ebenso sicher in der Zeit, wie dieselben aufeinander folgten und ob wir zweimal oder nur einmal in Karlsbad waren. Wie dem auch sei, als Kind hat man einen anderen Maßstab für die Zeit; mir scheint, als wären wir Jahre von Hause fort gewesen, während ich dies genau weiß, daß wir im Herbst 1823 die Heimreise antraten.

Auch kann ich mich gut einer Lustreise nach Prag entsinnen, weiß aber nicht genau, wann diese stattfand. Eine Episode von dieser Reise ist mir besonders lebhaft im Gedächtnis geblieben. In Böhmen waren die Wege oft so schmal und steinig, daß Mutter und wir Kinder zuweilen gehörig Angst bekamen, ausstiegen und ein Stück zu Fuß gingen. Vater hingegen machte sich nichts daraus. Einmal, als der Wagen ganz schief zum Umfallen auf einer Seite lag und wir nebenbei gehend ängstlich hineinschauten, lag der gute Vater wohlgemut in der Ecke und blies auf seinem Spazierstock, der zugleich als Flöte gebraucht werden konnte, einen munteren Marsch...

Mutterchen erzählte uns, daß sie auf der Hochzeitsreise von Dresden nach Riga mit dem Vater das gleiche erlebt habe; damals war sogar ein Rad am Wagen gebrochen, und sie mußten bei Regen im Freien kampieren.

In Karlsbad bekamen wir eine Wohnung ganz

nahe beim Sprudel, die ›Blaue Kugel‹ genannt. Von einer Dame aufgesucht, die früher Livländer gekannt hatte, wurden wir in die ganze Aristokratie von Weimar hineingezogen, lauter liebenswürdige Leute, mit denen man am Brunnen verkehrte. Unter den Badegästen, die wir kennenlernten, näherte sich uns ein Ehepaar aus Österreich oder Böhmen. Sie hießen Krametz von Lilienthal, machten einen Besuch im Hause und konnten nicht genug ihr Wohlgefallen an den Ostseeprovinzlern dartun. Ich gefiel ihnen ungemein, so sollten die jungen Damen bei ihnen gar nicht sein, kurzum, sie wollten für ihren einzigen Sohn nur eine solche Frau haben. Der Jung war aber noch ein Knabe, indes der Erbe ihrer Besitzungen. Die Dame kam nun wirklich mit ganz ernsten Vorschlägen und war fast gekränkt, daß meine Mutter es sehr scherzhaft aufnahm und meinte, damit hätte es noch Zeit. Ich war aber nicht wenig stolz auf diesen ersten Heiratsantrag.

Für mein Leben gern wäre ich alle Morgen am Brunnen mitgegangen, aber uns Mädchen wurde es nur zweimal in der Woche gestattet, wenn große Musik war. Mich amüsierte damals eben alles. Wieviel gab es auch zu

sehen an den Leuten aus aller Herren Ländern!
Ein Fürst Cantekusin aus der Moldau in den prachtvollsten orientalischen Costümen leuchtete schon von weitem in Citronengelb und Purpuratlas, immer von einem großen Gefolge begleitet. Die bunteste Menge wogte besonders auf den Wandelbahnen des Neubrunnens. Auf der Promenade nach Hammer sah ich oft eine junge Frau, die vor ihrem Häuschen saß und Spitzen klöppelte. Ich schaute ihr gern etwas zu, wie die Klöppelchen nur so flogen unter ihren Händen, und hatte die größte Lust, diese nette Arbeit zu erlernen. Das ergriff die gute Mutter gleich und sprach mit der Frau. Sie ging gern darauf ein und versprach, das Nötige zu besorgen und als Lehrmeisterin alle Morgen zu uns zu kommen. Ein Klavier war schon früher gemietet worden, und nun kam diese unterhaltende Arbeit noch dazu. Bald sangen wir alle die Liederchen der Harfenistinnen, die uns immer so viel Spaß machten, und spielten die Tänze nach; Musik war ja überall, wo man hinging.
Die schöne Zeit in Karlsbad hatte ihr Ende erreicht. Doch einer seltsamen Begegnung will ich noch gedenken, die auf mich einen unaus-

löschlichen Eindruck gemacht hat. Am letzten Tag unseres Aufenthaltes hatte ich mit dem Vater einen kleinen Spaziergang gemacht, auf der Straße, die nach Elbogen führt. Auf dem Heimwege, schon in Karlsbad angelangt, sahen wir vor einem Hause auf der Wiese eine größere Menschenmenge mit einer Musikkapelle. Noch bevor wir uns erkundigen konnten, was das zu bedeuten habe, hörten wir Rufe aus der Menge: ›Da kommt er! Da kommt er!‹ und gleich darauf hinter uns das Heranrollen einer Equipage, die im schnellen Trabe auf uns zukam. Wir stellten uns an den Straßenrand, um der Equipage auszuweichen, die aber genau an jener Stelle hielt, wo wir standen.

Ein Mann gesetzten Alters stieg als erster aus und half einer älteren und zwei jungen Damen galant aus dem Wagen, nur ein paar Schritte von uns entfernt, so daß wir ihn und seine Begleiterinnen aus nächster Nähe gut sehen konnten. Aber so lieblich die jungen Damen auch waren, mein Blick wurde vom alten Mann so gefesselt, daß ich nur *ihn* sah und alles andere darüber vergaß. Nie habe ich seitdem ein solches Antlitz gesehen, von einer solchen Würde und Hoheit und dennoch heiterer

Anmut, daß es mir nicht menschlich, sondern fast göttlich erschien. Er wurde gleich von der Menge umringt, und die Musikkapelle spielte. Ich stand wie gebannt und wollte bleiben, doch der Vater zog mich an der Hand, und wir gingen heim.

Als wir uns ein Stück entfernt hatten und die Musik hinter uns verklang, blieb der Vater in großer Erregung stehen, faßte mich fest am Arm und fragte mich: ›Hast du *ihn* gesehen? Und weißt du, wer es war?‹

›Nein, wie soll ich das wissen!‹

›Das war Goethe. Nun haben wir ihn leibhaftig gesehen: den Größten, der heute lebt!‹ Der Vater hatte Tränen in den Augen, als er dies sagte. Er war so ergriffen, daß er mich stumm umarmte. Dann meinte er, indem wir weiter gingen: ›Dies war das Schönste, was wir erleben durften. Vergiß es nie: du hast Goethe gesehen!‹

›Und warum bist du denn gleich davongelaufen? Wir hätten ihn vielleicht noch besser sehen, vielleicht sogar sprechen können wie die andern, die sich um ihn drängten. Warum zogst du mich fort?‹

Der Vater blieb stehen, sah mich groß an und sagte mit Nachdruck: ›Weil man sich dem

Göttlichen nicht aufdrängen soll. Wir sind *ihm* begegnet, wir haben *ihn* gesehen — das genügt! Und wir haben ihn näher und besser gesehen als alle anderen: hoch im Wagen; und dann, wie er ausstieg und den Damen beim Aussteigen half — ein Jüngling, trotz seiner vierundsiebzig Jahre. Ein Gott, für den es kein Alter gibt. Wir haben ihn leibhaftig gesehen. An diesen Abend sollst du dich dein Leben lang erinnern!‹

Wie man uns erzählte, weilte Goethe damals zur Cour in Marienbad und war für einige Tage nach Karlsbad herübergekommen, wo er im Hause einer Frau von Levetzow logierte. Es hieß — doch das habe ich erst in späteren Jahren erfahren —, daß er deren Tochter Ulrike habe heiraten wollen, aber dann kam es nicht dazu. Der Altersunterschied mag wohl zu groß gewesen sein. Es war sein Geburtstag, und deshalb hatte man ihm das Ständchen dargebracht — der 28. August. Es war ein Donnerstag. Am Freitagmorgen haben wir Karlsbad verlassen.

Obzwar ich damals herzlich wenig von Goethe wußte, hat mich diese Begegnung doch tief bewegt, weil ich den Vater noch nie so ergriffen gesehen hatte. Auch am nächsten

Tag, in der Kutsche, konnte er sich gar nicht beruhigen und versicherte immer wieder, daß dies einer der schönsten Tage seines Lebens gewesen sei.«

Hochzeit und hoher Besuch

Die Kinder wachsen heran und verlassen, eines nach dem andern, das elterliche Haus. Zu Theophil und Ernst kommt nun auch Leonhard, der dritte Sohn, nach Hennersdorf. Die Töchter sind noch in Wesselshof. Doch im Winter 1824/25 tritt auch für Leocadie, die Älteste, die siebzehn ist, ein Ereignis ein, das sie schon im nächsten Frühjahr dem elterlichen Hause entführt. Tante Lisette hatte die Mutter beredet, mit Leocadie zu den Bällen nach Dorpat zu reisen, um sie dort in die Welt einzuführen. Jedes Alter, meinte sie, habe seine Rechte, und die Jugend wolle tanzen.
Der Vater – vielleicht in einer Vorahnung dessen, was kommen sollte – gab erst nach langem Drängen seine Einwilligung, weigerte sich aber hartnäckig, mitzufahren. So machte sich die Mutter mit Tante Lisette und Leocadie auf den Weg nach dem weiten Dorpat,

wo damals der ganze Adel zur Jahrmarktszeit zusammenströmte. In diesem Winter ging es dort besonders lebhaft zu. Mehrere große Bälle waren in einer Woche, und zwischendurch gab es Diners, Réunions in der Ressource und Schlittenpartien auf dem Eise des Embach.

Von den nun folgenden Ereignissen erzählt Großtante Ernestine:

»Eines der vornehmsten Häuser in Dorpat war damals das der alten Fürstin Barclay de Tolly, der Witwe des Feldmarschalls. Die Fürstin hatte nur einen Sohn – Magnus, auch Maximilian genannt –, der sich auf den ersten Blick in Leocadie verliebte und alles in Bewegung setzte, sie zu erobern. Da die Fürstin ebenfalls an Leocadie großes Wohlgefallen fand und nichts sehnlicher erwünschte, als daß es dem Sohn gelingen möchte, ihr Herz zu gewinnen, tat sie so viel wie möglich, Mutterchen und Tante Lisette für diese Liaison zu erwärmen.

Das so bescheidene junge Mädchen, zum erstenmal in dieser Situation, fand sich so vieler Huldigungen gar nicht würdig. Leocadie kannte Max auch noch zu wenig, hörte nur immer von ihm rühmen, welch selten guter

Sohn er gegen die Mutter sei, voll der zartesten Rücksichten, daß sie, als ihr die Entscheidung überlassen wurde, selbst meinte, er werde dann auch ein guter Mann sein. Kaum hatte sie ihr Jawort gegeben, war kein Halten mehr.

Unsere arme Mutter wurde überstimmt und so gedrängt, statt erst zu Hause die Einwilligung des Vaters einzuholen, durch einen Courier eine Estafette nach Wesselshof zu expedieren.

Wie deutlich erinnere ich mich des Augenblickes, als der Vater mich und Josefine in sein Zimmer rief und uns als den Ältesten die Mitteilung machte, daß er die Einwilligung abgesandt. Er war so gerührt und betete mit uns, der Herr möge seinen Segen zu dem Bunde geben! Viel Tränen flossen dabei, und merkwürdig war: was vielleicht andere gereizt haben würde, war dem Vater ein Stein des Anstoßes, der Fürstentitel.

Ich höre ihn noch, wie er sagte, als die erste Erregung vorüber war: ›Möge er doch den Fürstentitel niederlegen – was ist ein Fürst ohne Land!‹

Er nannte ihn bei der ersten Ankündigung auch nur so wie hernach ›der Obriste Bar-

clay‹. Später fand er sich darin und vergaß dieses Unglück, da Max sich so ganz kindlich den Eltern unterstellte ...
Nach altlivländischer Art wurde dann die Hochzeit gefeiert, drei volle Tage blieb man beisammen. Das Wetter war so günstig wie möglich, die Musik ausgezeichnet, von acht Pragern, die auch verschiedene Lieder im Freien sangen, welche alle so sehr amüsierten. Polterabend-Überraschungen waren damals noch nicht Mode, getanzt wurde aber gehörig, und das war uns das Schönste, obgleich wir beide, Josefine und ich, noch nicht zu den Erwachsenen gezählt wurden. Manche wollten mich wohl schon etwas hinaufschieben, darin blieb aber Mutterchen fest, und es hieß: ›Ihre Zeit kommt ja noch‹, und im anspruchslosen weißen Mullkleide mit den beiden langen schwarzen Zöpfen tanzte ich ganz vergnügt.
Die Trauung war am Abend, und der große Wesselshofsche Saal mit der eleganten Gesellschaft sah so festlich aus. Das junge Paar machte auf mich einen eminenten Eindruck: Leocadie mit der Chiffre der Hoffräulein, Max daneben in der prächtigen Uniform des kaiserlichen Flügeladjutanten. Wie sie zu der

blauen Schleife mit dem brillantenen Namenszug des Monarchen gekommen, weiß ich nicht, vermute aber, daß die alte Fürstin es bewirkt hat; das weiß ich aber genau, daß in dem Dokument der Ernennung zum Hoffräulein gesagt war: ›In dankbarer Erinnerung an die treuen Dienste des Senateurs Balthasar Balthasarowitsch von Kaiser Alexander I.‹
Vier Marschälle mit den silbernen Armleuchtern zur Seite und vier Brautfräulein geleiteten das junge Paar zum Altar. Am Freitag die Trauung, Sonnabend viel im Freien, auch abends kleiner Ball, und am Sonntag Kirchgang und eigentlich der munterste Tanz, denn es wollte kein Ende nehmen!
Das junge Paar ließ sich in Stolben nieder, das der alten Fürstin gehörte und das sie ihrem Sohne überließ, weil sie selbst meist in Dorpat lebte...«

Im Sommer dieses Jahres, 1825, kommt Kaiser Alexander I. nach Livland. Über diesen Besuch berichtet Großtante Ernestine:
»Der Monarch hatte sich, wohl im Andenken an den Feldmarschall, den er sehr geschätzt hatte, bei Barclays in Stolben zum Tee anmelden lassen, und Leocadie hat noch das Glück

gehabt, den so verehrten Kaiser in nächster Nähe zu sehen, hatte einen Handkuß bekommen und ihm eine Tasse Tee reichen dürfen. Auf der Station Wolmar mußte unser Vater als Postierungsdirektor und Kreisdeputierter den Monarchen empfangen und becomplimentieren. Was für andere ein unvergeßliches Erlebnis gewesen wäre, das war für den menschenscheuen, allem äußeren Gepränge abholden Vater eine höchst fatale, ja verdrießliche Pflicht, der er sich am liebsten ganz entzogen hätte. Es kam noch hinzu, daß eben zu dieser Zeit sein Freund, der Doktor Bursy aus Mitau, zu Besuch bei uns weilte, mit dem der Vater, im Park umherpromenierend, endlose Diskurse über Jean Paul hatte.
Da der Kaiser gegen Mittag in Wolmar erwartet wurde, sollte der Vater mit Tante Lisette schon frühmorgens sich dorthin begeben, um alles zum Empfang des Monarchen vorzubereiten. Als nun die Equipage vorfährt, ist der Vater nirgends zu entdecken: weder in seiner Studierstube noch in der Cyrenenlaube. Man sucht und ruft, doch der Vater bleibt verschwunden. Bis endlich der kleine Roderich ihn ausfindig macht: im Tempelchen, wo er mit seinem Freunde Bursy den Sonnenauf-

gang beobachtet und über diesem Ereignis den Kaiser völlig vergessen hatte.
Mutterchen, die sich in Erwartung des ihr bevorstehenden Ereignisses nicht wohl fühlte, blieb mit uns Kindern zu Hause. So begleitete Tante Lisette den Vater, um den Monarchen zu empfangen, für den sie schon als junges Mädchen bei seinem Besuch auf Ösel geschwärmt hatte. Außerdem waren zur Begrüßung des Kaisers auch Barclays und einige Damen der benachbarten Güter nach Wolmar geeilt, unter ihnen auch Tante Constance mit der kleinen Isabelle. Barclays hatten für den Fall, daß es regnen sollte, das große Zelt des Feldmarschalls aufschlagen lassen, in dem dreißig Personen bequem Platz fanden. Doch der Himmel hatte sich aufgeklärt, so daß der hohe Gast im Freien, im Schatten einiger alter Linden, bewirtet werden konnte.
Ich sehe Tante Lisette noch vor mir, mit welcher Begeisterung sie uns nachher vom Kaiser erzählte: wie liebenswürdig der Monarch sich mit den Damen unterhalten und wie gut er sich noch an seinen letzten Besuch auf Ösel und Tante Lisettens erinnert habe, die er damals um ein Glas Milch und ein Stück Schwarzbrot gebeten hatte. In Erinnerung an

jenen Wunsch, den sie ihm nicht mehr erfüllen konnte, da der Kaiser vorzeitig aufbrechen mußte, kredenzte Tante Lisette ihm jetzt auf der Station in Wolmar das Gewünschte, das er huldvoll entgegenzunehmen geruhte. Dabei versicherte er, daß er schon lange keine so excellente Milch getrunken und kein so magnifiques Brot gegessen hätte wie dieses ganz ordinäre schwarze ›Ruppmais‹-Grobbrot, das in Wesselshof gebacken war.

Die kleine Isabelle hat der Kaiser sogar auf seinen Schoß genommen und mit Erdbeeren tractirt. Und Tante Constance, Tante Lisette und Leocadie erhielten brillantes fermoirs – Samthalsbänder mit Brillanten –, die in jener Zeit für dergleichen Aufmerksamkeiten förmlich ausgestreut wurden ...

Wer hätte geahnt, daß dies der letzte Besuch des Monarchen war und daß er kurz danach ein so plötzliches Ende finden sollte?

Noch war die Mutter nach der Geburt des kleinen Max nicht genesen, als die erschütternde Nachricht vom Tode des so geliebten Kaisers aus Taganrog eintraf. Man hielt es geheim und flüsterte nur untereinander; so gelang es, der Kranken bis zu ihrer völligen Genesung alles zu verbergen.

Wer wird ihm folgen? fragte mancher voller Sorgen. Bald darauf wurde in allen Kirchen dem Großfürsten Konstantin gehuldigt, da seine frühere Entsagung nie bekannt geworden war. Dann, vierzehn Tage später, kam der Befehl, dem Großfürsten Nikolai zu huldigen – eine Generalconfusion schien es. Man erzählte sich damals, die vor dem Winterpalais aufmarschierten Soldaten wären der Meinung gewesen, daß die ›Constitution‹, die von den Aufständischen gefordert wurde, die Frau des Großfürsten Konstantin sei; und diese Verwechslung habe viel zur allgemeinen Verwirrung beigetragen. Wie dem auch war: das musterhaft tapfere Benehmen des neuen Herrschers, der unerschrocken den Rebellen entgegentrat, sie zur Besinnung brachte und dadurch weiteres Blutvergießen verhinderte, imponierte allgemein. Aber wie traurig hernach alle die Details, die man von den jungen Irregeleiteten hörte! Viele Frauen folgten den nach Sibirien Verbannten – unter ihnen Fürst Trubetzkoi, Fürst Obolensky, Fürst Barjatinsky und Baron Rosen; man erzählte sich so rührende Geschichten.

Es gingen aber auch Gerüchte um, daß Kaiser Alexander in Wirklichkeit gar nicht gestorben sei, daß man eine fremde Leiche in seinen Sarg in Taganrog getan hätte und daß er selbst als Einsiedler in Sibirien lebe, weil er des Regierens müde geworden wäre. Tante Lisette hat jedenfalls bis an ihr Ende dieser Legende Glauben geschenkt. Sie behauptete sogar, der Kaiser habe ihr damals auf der Poststation in Wolmar Andeutungen gemacht, daß es sein sehnlichster Wunsch sei, als Eremit nur von Milch und schwarzem Brot zu leben.

Jedenfalls hat die Nachricht von seinem so überraschenden Tode nicht nur auf uns, die wir das große Glück gehabt hatten, ihn noch kurz zuvor begrüßen und sprechen zu dürfen, einen tiefen Eindruck gemacht – das ganze Land, ja man kann wohl sagen, alle Welt war erschüttert.

Ein Brief, den die Kaiserin-Mutter geschrieben, ging in Abschriften von Hand zu Hand; er fing so an: ›Notre ange est au ciel, et moi pauvre créature je végète encore sur cette terre...‹ (Unser Engel ist im Himmel, aber ich armes Geschöpf lebe noch immer auf dieser Erde). Den ersten Satz sah man auf allen Ringen und Armbändern lange Zeit fast bei jeder Dame, schwarz mit silbernen Lettern,

auch um das Portrait des Kaisers, das, von schwarzem Flor umrahmt, überall zu sehen war.
So jung man damals war, wir trauerten alle aus Herzensgrund, denn jedem war die Liebe zu dem Herrscherhause schon in der Wiege eingeimpft worden – und nun vollends dieser Kaiser mit dem wohlwollenden, liebevollen Gemüt. Mit welcher Hingebung dienten ihm so viele aus den Ostseeprovinzen, in dankbarer Anerkennung, unter solchem Schutz zu stehen!...«
Fast zur selben Zeit stirbt Jean Paul. Urgroßvater Christoph notiert: »Jeder Kaiser hat einen Nachfolger, der ihn ersetzt. Wer aber vermag einen Jean Paul zu ersetzen?!«

Ernestine und ihr Retter

Die Jahre vergehen, Christoph wird nach dem Tod seiner Frau immer wunderlicher – Clementine ist 1827 bei der Geburt ihres dreizehnten Kindes gestorben –, und er ignoriert hartnäckig die Tatsache, daß die Kinder erwachsen werden. Ernestine, Josefine und Melanie sind nun schon junge Damen, und in

Wesselshof wird es immer leerer: Theophil, der in den Staatsdienst treten soll, kommt nach Moskau, Ernst studiert Naturwissenschaft in Königsberg und anschließend besucht er die Forstakademie in Tharandt bei Dresden, Leonhard studiert in Dorpat, und Arthur und Max kommen in das neugegründete Landerziehungsheim Birkenruh bei Wenden. Kaiser Nikolai I. hat den Besuch ausländischer Schulen verboten: so dürfen die jüngeren Brüder nicht nach Hennersdorf. Und in Dorpat müssen, auf Befehl des Zaren, alle Studenten Uniform tragen. Man hofft auf diese Weise im Zarenreich alle freiheitlichen Regungen schon im Keim zu ersticken, wie man auch den Polnischen Aufstand mit Hilfe der Garderegimenter und Kosaken erbarmungslos niedergetreten hat.

Für Reisen ins Ausland braucht man jetzt eine besondere Genehmigung der Gouvernements-Behörde, die Barclays natürlich jederzeit erhalten. Sie sind ja dauernd auf Reisen, und diesmal geht es nach Marienbad. Ernestine darf die Schwester begleiten. Von dieser Reise im Sommer 1834 erzählt sie:

»Im Mai war Leocadie eine Cour in Marienbad verordnet worden; sie hatte, durch Stokkungen veranlaßt, unnatürlich zugenommen. Da Barclay es vorzog, diesmal zu Hause zu bleiben, Leocadie aber allein nicht reisen wollte, war ich so glücklich, daß die Wahl auf mich fiel. Vater gab es leichter zu, da er einsah, daß Leocadie ohnehin in einem großen Wagen mit Diener und Jungfer fahren werde, also für mich kein Postpferd mehr zu nehmen brauchte.

Höchst content zogen wir beide ab, zuerst nach dem lieben Dresden, wo wir so viele Kindererinnerungen feierten, und dann nach Marienbad. Wir lebten sehr streng courgemäß und gingen fast über die Kräfte spazieren. Es war mir unglaublich amüsant, mich nur unter den allervornehmsten Leuten zu bewegen, in der mittelsten Saison, wo die regierenden Herrschaften mit ihrem Anhang da waren. Die österreichischen Gräfinnen waren die Geringsten in dem Kreise – sonst nur Fürsten, Minister und Russen aus den ersten Familien. Leocadie, die in Dresden einen Winter alle Hofgesellschaften mitgemacht hatte, kannte die meisten Familien, und wurden ihr von diesen wieder andere vorgestellt, so daß wir fast alle kennen lernten, denn Marienbad war damals noch nicht ein großer Ort ... Ich kam mir wie in eine neue Welt versetzt vor und genierte mich wunderbarerweise gar nicht, was Leocadie, die so weit herumgekommen war, fast beneidete, da sie noch oft mit Blödigkeit zu kämpfen hatte. Mir kamen die meisten gar nicht so übermäßig klug vor, daß sie uns so hätten imponieren können.

Die Fürstin Paskewitsch wohnte auch bei uns in demselben Hause, empfing uns buchstäblich im Nachtcamisol und türkischen Shawl und sprach recht unanständig über ihren Gesundheitszustand. Diese so hochstehende Dame prahlte gegen uns viel damit, daß ihre beiden Kinder Deutsch sprechen konnten, der kleine Sohn hatte auch seinen Lehrer mit, den sie nur ›mon allemand‹ nannte. (Die Zeiten haben sich geändert!) Ich gewann ihr Wohlgefallen dadurch, daß ich einmal den netten Jungen zum Tanz aufnahm und mit ihm Deutsch sprach.

Zu einem kleinen Tanz am Nachmittag, denn man ging dort früh zur Ruhe, hatte die russische Gesellschaft — Woronzof, Davidof und die liebenswürdige Fürstin Trubetzkoi — uns aufgefordert; wir jungen Damen sollten alle mit Kornblumenkränzen erscheinen...«

Auf der Rückreise wird von Dresden aus ein

Ausflug in die Sächsische Schweiz unternommen, dem sich ein Baron Rembert Schoultz-Ascheraden anschließt.
Großtante Ernestine berichtet:
»Die Nacht in Schandau, früh heraus und alle Höhen hinauf, den großen Winterberg etc. etc. Den ganzen Tag tüchtig gewandert, etwas ermüdend zuweilen, aber doch höchst genußreich in so angenehmer Gesellschaft. Der Zufall wollte, daß Baron Schoultz fast immer neben mir war; die Conversation ging nie aus und war wirklich anziehend, da er so viel gereist ist und alles mit Verstand gesehen hat. Dabei besitzt er eine so feine Art, die eigene Person nie geltend zu machen wie so viele junge Leute; an Courmachen dachte man nicht.
Als wir alle uns sehr zeitig in Schandau in unser Schlafgemach zurückzogen, Leocadie und ich aber noch ein Plauderstündchen feierten, war ihr letztes, schon oft gebrauchtes Wort: ›Nun, du wirst nie heiraten, weil du an jedem etwas auszusetzen findest‹ – und meine naive Antwort: ›Da ist zum Beispiel Baron Schoultz, an dem könnte man doch nichts aussetzen!‹«
In Berlin hält man sich zehn Tage auf, um alle

Sehenswürdigkeiten der damals noch recht idyllischen Residenz zu besichtigen:

»Wir wurden dort gleich von den Vettern Fallois aufgesucht, die uns jede freie Stunde ihres Dienstes widmeten. Der älteste Vetter Fritz war nach einer Krankheit noch nicht in denselben eingetreten und fast den ganzen Tag bei uns, fuhr überall mit, und wenn man einmal dem alten König begegnete, hielten wir unseren Sonnenschirm so geschickt, daß wir den Reconvaleszenten unsichtbar machten. Zu unserem großen Spaß hatte der König es aber doch bemerkt und trotz seiner Wortkargheit gemeint: ›Die livländischen Verwandten müssen sehr gefällig sein!‹ Solange wir da waren, blieb Fritz ungestört unser Begleiter, und so wurde denn die Zeit zweckmäßig ausgenutzt, auch das Theater gehörig besucht ...

In den Balletts glänzte damals die Elßler. Das französische Theater war reizend, das lebhafte Spiel in den netten kleinen Stücken bezaubernd, die Opera viel glänzender als in Dresden, wo aber bedeutendere Kräfte waren, die Devrient in vollem Glanz und Schauspieler wie Emil Devrient, der wirklich unübertrefflich erschien.

Wir waren von dem Berliner Aufenthalt sehr entzückt, fanden aber die Umgebung ziemlich traurig, überall viel Sand, und der Tiergarten war ganz sumpfig. Wer Berlin damals gesehen, hätte sich nie denken können, daß es so werden könne, wie ich es später erlebt habe...«

Erst zwei Jahre später, im Sommer 1836, taucht Baron Schoultz-Ascheraden wieder auf, der ›Mann, an dem sie nichts auszusetzen hatte‹. In einer höchst kritischen Situation sieht Ernestine ihn wieder, als seine Gesellschaft ihr wohl kaum erwünscht ist.

»Im Juni dieses Jahres fand in Riga das erste große Musikfest statt, zu welchem Leocadie uns alle aufforderte und woraus eine so reizende Partie wurde. Wir waren neun Damen in einer munteren Gesellschaft, nannten Leocadie die ›Kaiserin‹, Tante Constance die ›Kaiserin-Mutter‹, und wir jüngeren waren die ›Hofdamen‹. Wie mühselig schleppten die armen Postpferde wieder einmal die großen Kutschen durch den tiefen Sand über Hilchensfähre und Neuermühlen! Eine freundliche geräumige Wohnung in der Petersburger Vorstadt nahm uns alle für zehn Tage auf. Ganz Livland war herbeigeströmt; viele kamen wohl mehr der Geselligkeit als der Musik wegen.

Das schöne Wetter begünstigte jede Unternehmung, darunter die Probefahrt mit dem ersten Dampfschiff in Riga. Ich glaube, der ganze landsche Adel hatte sich dazu gemeldet. Man hatte uns geraten, gründlich vorher zu speisen, um nicht seekrank zu werden, was dann auch in großer Gesellschaft zeitig im Wöhrmannschen Park geschah, und in fröhlicher Stimmung zog alles ab, sich dem wunderbaren Dampfroß anzuvertrauen.

Es ging ganz prachtvoll, so leicht hingleitend auf der Düna an Boldera und Vegesacksholm vorbei; als plötzlich, sobald man die offene See erreichte, ein so heftiges Schwanken begann, als wenn man in einen Abgrund geworfen werde. Allgemeines Entsetzen und Angstschreie, ein Taumeln und Stürzen! Ich war nahe daran, umzufallen, als ein Paar kräftige Arme mich so energisch aufhielten, daß ich blaue Flecke davontrug. Und wer war es? Der Reisegefährte von der Sächsischen Schweiz, den ich gar nicht auf dem Schiff gesehen hatte. Die Herren mögen, die Überraschung ahnend, sich zum Retten parat gehalten haben.

Bruder Ernst sah eine junge Dame ohnmächtig hinsinken und soll in der Bestürzung gerufen haben: ›Anhalten, anhalten!‹, womit er später viel geneckt wurde. Bei dem starken Schaukeln des Schiffes wurden viele so plötzlich von den entsetzlichen Folgen ereilt, daß sie die Brüstung nicht mehr erreichen konnten. Nur der kleinste Teil der Gesellschaft blieb von der Seekrankheit verschont. Die Unglücklichen machten aber den sonderbaren Eindruck, als ginge die ganze Welt sie nichts an. Unsere arme Leocadie, ganz gebeugt in einer Ecke lehnend, konnte mein Retter noch nach Jahren nicht vergessen, wie er ihr bei einer kleinen Explosion stützend beistand und sie völlig ermattet hingehaucht hatte: ›Nur noch die Suppe!‹ Das ganze Diner war glücklich rückwärts überwunden.

In einem recht delabrierten Zustand kam die Gesellschaft heim, und auch das Schiff wies, vom Lande aus betrachtet, ganz greuliche Spuren auf. So unendlich viel Komisches hatte man aber doch erlebt – und wie verschieden hatten sich die Menschen gezeigt, als der Schreck sie so unerwartet erfaßte! Das gute Lottchen Transehe (von Erla) stürzte auf die Knie, und mit zum Himmel gerungenen Händen flehte sie um ihr Leben; ihre Kinder wollte sie noch wiedersehen. Alle solche Scenen von jener ersten Dampferfahrt auf der Düna haben später noch viel Stoff zur Heiterkeit geliefert...«

Und wieder vergeht fast ein Jahr, bis Großtante Ernestine den ihr Vorbestimmten wiedersieht; allerdings erscheint er ihr vorher noch in einer seltsamen, traumartigen Vision. Sie ist zu dieser Zeit mit dem Vater allein in Wesselshof.

»Gleich nach Neujahr hatte er sich den Fuß gebrochen und mußte auf ärztliche Anordnung das Bett hüten, und da er sehr unvernünftig war, wachte ich nachts bei ihm, saß aber selbst ungesehen hinter einem Schirm, weil er mich sonst fortgeschickt hätte.

Sechs Nächte hatte ich so verbracht, mit dem Kranken ging es allmählich besser. Als ich so in der siebenten Nacht auf meinem Posten saß und Tüllrüschen heftete, da plötzlich ertönte eine herrliche Musik, nicht traurig, aber doch ernst und von einem merkwürdigen Klang.

Eigentümlich berührt blickte ich auf, da bot sich mir links von dem Platz, wo ich saß, den Fenstern zu, ein Bild, das ich nie vergessen konnte. Ähnliche Gegenden habe ich zwanzig

Jahre später erst in Italien gesehen, und zwar auf dem Wege nach Amalfi, wo die Straßen an Felswänden, den Abgrund zur Seite, künstlich geführt sind. Auf solch einer Kunststraße sah ich einen langen Zug wie in Fackelbeleuchtung sich fortbewegen. Es war zu weit, um Menschen oder Wagen genauer zu unterscheiden, doch glaubte ich im Vorüberziehen vertraute Gesichter, den Vater, Isabelle, Leon, Arthur und Max, zu erkennen. Mir war, als zögen sie alle weg, und ein wehmütiges Abschiedsgefühl ergriff mich. Da plötzlich erscholl dicht vor mir eine Männerstimme, tödlich erschreckt fuhr ich auf — und vor mir stand der Baron Schoultz, wie er leibt und lebt. Er verbeugte sich, so daß ich mehr das glänzende, etwas gelockte schwarze Haar als das Gesicht sah, und seine linke Hand mit dem weißen Rand der Manschette schwebte mir in der Erinnerung besonders deutlich vor Augen. Das einzige Wort aber, welches mir bei der gewaltigen Erregung gleichsam in den Ohren hängen blieb, war: ›den 14.‹ ... Dann verschwand alles, ich saß da wie betäubt, konnte nichts begreifen.

Am nächsten Morgen kam Leocadie, der ich alles, was ich erlebt hatte, mitteilte und, dadurch erleichtert, bald kaum mehr an den Traum dachte, während er ihr einen tiefen Eindruck zurückließ ...

Der Vater empfing den meisten Besuch an seinem Lager. Des einen muß ich wohl erwähnen, der im Kalender am 9. Februar notiert ist. Mein Baron Schoultz war wieder da.

Den anderen Tag, kurz vor dem Wegfahren, war mein lieber Baron so komisch befangen, da er mich allein im Zimmer fand, sagte aber kein Wort und fuhr ab.

Gleich darauf kam Leocadie, war ihm begegnet und hatte schnell ihre Jungfer gefragt: ›Minna, der wievielte ist heute?‹ — ›Fürstin, der 10.!‹ — Dieses erzählte sie mir sofort, eigentlich dachte sie viel mehr als ich an die nächtliche Begebenheit mit dem angekündigten Datum des 14.

Als ich ihn später gefragt habe, warum er damals nicht ansprach, meinte er: ›Bei dir konnte man eigentlich gar nicht ansprechen!‹ Nun, am 14. Juni konnte er es doch ...

Seine Schwester Charlotte wußte, wie es um ihn stand, und erbot sich, durch Leocadie Gewißheit zu erlangen. Diese hinwiederum bat mich per Estafette, unverzüglich nach Stolben zu kommen, da sie in einer wichtigen

Angelegenheit meinen Rat benötige, während Charlotte den in Ungeduld Harrenden von meiner Ankunft in Stolben in Kenntnis setzte, der dann am nächsten Tag erschien – freilich am 13. Da wir zu einer Theatervorstellung nach Wenden gefahren waren, konnte er mich an diesem Tage nicht mehr sprechen, freute sich aber, unsere Kalesche spät abends heimkehren zu sehen. Und so war es doch am 14. Juni morgens, daß er sein Wort anbrachte.

Daß dieser Mann der mir von Gott vorbestimmte war, schien mir gewiß, obwohl ich damals keine Ahnung hatte, wie innig ich ihn lieben würde; ich kannte ihn eigentlich noch wenig. Das Wetter war so herrlich, der Kaffeetisch im Freien gedeckt, ich sehe noch Remberts leuchtendes Gesicht. Obgleich ich wohl für mich das entscheidende Wort ausgesprochen hatte, so machte ich es doch ganz von meinem Vater abhängig. Dieser war zwar sehr eingenommen von ihm, aber wenn es daran ging, daß eine Tochter ihm geraubt werden sollte, setzte es die unglaublichsten Schwierigkeiten.

Da nun Vater eben in Petersburg im General-Consistorium noch beschäftigt war, reiste Rembert den andern Tag dahin ab, sprach förmlich bei ihm an, erhielt die Zusage, aber mit der Bedingung, daß ich mich noch prüfen solle und, bis er nach Hause käme, niemand etwas erfahren möge.

Rembert sollte sich fern halten, nicht einmal schreiben, aber einen Brief an mich mit Vaters Einwilligung mitnehmen. Auch auf diesen Brief mußte der arme Mensch fast eine Woche warten. Daneben war der künftige Schwiegervater, jetzt noch der sehr höfliche ›Vetter‹, von ausnehmend freundlichem Benehmen gegen ihn, es gab nur kein Fortkommen in dem, was Rembert am Herzen lag.

So hielt uns Vater unbarmherzig lange hin. Daß ich das Haus verlassen würde, stand doch fest; ich näherte mich dem siebenundzwanzigsten Jahr, war wahrlich reif genug. Mir sagte eine innere Stimme so deutlich, daß dieser Mann der rechte sei. Wie sehnte ich mich danach, ihn näher kennen zu lernen, mich gründlich über alles auszusprechen – und nun sollten wir uns weder sehen noch schreiben, und alles auf so unbestimmte Zeit!

Doch ich will nicht vorgreifen und versuchen, der Reihenfolge nach zu berichten.

Das erste Zeichen aus Petersburg ließ, wie schon gesagt, lange auf sich warten. Da erschien ein Brief aus der Station Lenzenhof von dem in Geduld geprüften Mann an Schwager Barclay mit der Beschreibung, wie es ihm in Petersburg ergangen war.

Wir kehrten dann zurück nach Wesselshof in das leere Haus und erwarteten recht gespannt des Vaters Rückkehr, die sich doch länger hinzog, als man geglaubt hatte. Endlich kam die ersehnte Nachricht: der Vater sei unterwegs. Wie die Nachricht auch zu Rembert gelangt war, weiß ich nicht — kurzum, er begab sich nach Wenden, wobei er bekanntlich beinahe durch den Hof Wesselshof mußte, an mir vorbei, ohne daß wir uns auch nur einen Augenblick sehen oder gar sprechen durften. So warteten wir getrennt, er in dem damaligen Hotel Reim in Wenden und ich zu Hause.

Nun stelle sich aber einer vor, was geschah. Mein lieber Herr Vater fährt gleich darauf denselben Weg, von Petersburg kommend, fast durch seinen Hof nach so langer Abwesenheit gerade durch, nach Kemmern an den Rigaschen Strand, wo er alle Jahre eine Cour brauchte, während wir in größter Spannung bei schönstem Wetter im Garten saßen — und der arme Rembert in Wenden! Denn er hatte ja dem Vater sein Wort gegeben, mich bis zu dessen Rückkehr weder zu sehen noch mir zu schreiben. Der gute Vater aber fuhr an uns vorbei, weil er der Entscheidung aus dem Wege gehen und seine Einwilligung nach Möglichkeit hinausschieben wollte. Und so mußte mein armer Rembert unverrichteter Dinge geraden Weges nach Hause fahren. Aber in welcher Stimmung?!...

Im September — genau drei Monate, nachdem er mein Jawort erhalten, und wieder war es der 14. — schlug endlich die Stunde unserer Vereinigung. Vater hatte seine Ankunft gemeldet, der Bote stand bereit für den Harrenden, der nicht warten ließ. Leocadie, die oft herübergekommen war während der Prüfungszeit, war gerade in Wesselshof und erlebte es, wie mein lieber Freund nun alle Ceremonie bei Seite setzte, hereinstürmte und mir fast alle Knochen zerbrach in seiner Herzensfreude und in seinem Ungestüm.

Alle Gelegenheit zu einer feierlichen Verlobung oder irgendeiner Ansprache war geschwunden, und der gute Vater, höchst content, hat wohl nie darüber nachgedacht, *wie* er uns gequält hatte, und in Rembert war auch mit dem Moment jeder Groll geschwunden.

Er war so überglücklich und erschreckte mich mit seinem Du im ersten Augenblick, als er mich sah – so rasch hatte ich es mir nicht gedacht, wo wir uns in Stolben am 14. Juni nur sehr höflich getrennt hatten.

Doch glaube ich fast, er wäre wohl nicht ganz so fromm gewesen, wenn er damals nicht bestimmt gehofft hätte, in wenigen Tagen mit des Vaters Einwilligung wieder bei mir zu erscheinen...

Wenn ich an diese Prüfungszeit jetzt zurückdenke, weiß ich gewiß: fünfzig Jahre später geboren, hätten wir uns *nicht* gefügt, und dem Alten wäre über den Berg geholfen worden. Wäre Mutterchen noch am Leben gewesen, hätten wir nicht so lange warten und uns so quälen müssen!

Verzeiht, ihr Lieben, daß ich so umständlich von dieser Materie geschrieben; aber alles ist mir noch so gegenwärtig, als wäre es gestern und nicht vor mehr als fünfzig Jahren gewesen, und da bin ich ins Schwatzen geraten. Habt Nachsicht mit meinem Alter!«

Kapitelübersicht

Schatulle und Brieflade	5
Die Handschuhe des Kaisers	9
Die roten Atlasschuhe	25
Wesselshof	35
Das Reisejournal	49
Die Reise nach Karlsbad	70
Hochzeit und hoher Besuch	83
Ernestine und ihr Retter	93

Lieferbare Werke von Siegfried von Vegesack
im Eugen Salzer Verlag

VORFAHREN UND NACHKOMMEN
Aufzeichnungen aus einer altlivländischen Brieflade
1689–1887
Dritte Auflage, 464 Textseiten, 12 Bildtafeln, Leinen

DIE BALTISCHE TRAGÖDIE
Roman. 151.–154. Tsd. 512 Seiten

DER LETZTE AKT
Roman. 9.–10. Tsd. 288 Seiten

DER PASTORATSHASE
Altlivländische Idyllen. 76.–80. Tsd. 72 Seiten

DER WALDPROPHET
Geschichten aus dem Bayerischen Wald
11.–15. Tsd. 80 Seiten

DIE WELT WAR VOLLER TANTEN
Illustrierte Ausgabe. 36.–40. Tsd. 80 Seiten
Langspielplatte

SIEGFRIED VON VEGESACK LIEST
aus »Vorfahren und Nachkommen«, »Die baltische
Tragödie«, »Der Pastoratshase«

Franz Baumer
SIEGFRIED VON VEGESACK
Heimat im Grenzenlosen – Eine Lebensbeschreibung
Neuerscheinung – 180 Seiten